ullstein

In jeder Partnerschaft finden neben kleineren auch größere Konflikte statt. Es ist aber sinnvoller, seine Energie und Zeit nicht damit zu vergeuden, bestimmte Probleme unbedingt lösen zu wollen, sondern mit ihnen konstruktiv umzugehen. Denn nur auf diese Weise lässt sich langfristig eine wirklich glückliche Beziehung führen – trotz der Konflikte.

Dr. John Gottman, wurde zu einem der zehn einflussreichsten Therapeuten der letzten 25 Jahre gekürt und von *Psychotherapy Networker* für seine Lebensleistung mit dem Lifetime Achievement Award des Jahres 2021 geehrt. Dr. Gottman ist emeritierter Professor für Psychologie an der University of Washington und für seine Arbeit über die Beständigkeit von Ehen und die Analyse von Beziehungen mittels direkter wissenschaftlicher Beobachtung, Selbstzeugnissen und Physiologie bekannt. Er ist Autor oder Mitautor von über 200 veröffentlichten Artikeln in akademischen Zeitschriften und über 45 Büchern, zu denen unter anderem die Bestseller *Die 7 Geheimnisse der glücklichen Ehe* und *Die Vermessung der Liebe* zählen. Er ist Mitgründer des Gottman Institute und des Unternehmens Affective Software, Inc., das eine Technologie für Teletherapie auf Mobiltelefonen, Computern und Tablets entwickelt hat, um Therapeuten und Paare bei einer Paartherapie unterstützen zu können.

Dr. Julie Schwartz Gottman, Mitgründerin und Präsidentin des Gottman Institute und Mitgründerin von Affective Software, Inc., wurde kürzlich von *Psychotherapy Networker* für ihr Lebenswerk mit dem Lifetime Achievement Award des Jahres 2021 geehrt, weil sie in jahrzehntelanger Arbeit die Revolutionierung der Paartherapie vorangetrieben hat. Sie bekam die Auszeichnung »Washington State Distinguished Psychologist of the Year« und ist Mitautorin von sieben Büchern, wie *8 Gespräche, die jedes Paar führen sollte*. Sie ist auch Mitgestalterin der sehr beliebten Wochenendworkshops für Paare zum Thema »The Art and Science of Love« und Miturheberin des klinischen Trainingsprogramms Gottman Method Couples Therapy, das sie in den USA und in mehr als 15 Ländern unterrichtet hat.

Von Dr. John M. Gottman und Dr. Julie Schwartz Gottman
sind außerdem in unserem Hause erschienen:
5 Konflikte, die jedem Paar begegnen, und wie die Liebe daran wachsen kann
8 Gespräche, die jedes Paar führen sollte, damit die Liebe lebendig bleibt
Die 7 Geheimnisse der glücklichen Ehe

DR. JOHN M. GOTTMAN
und
DR. JULIE SCHWARTZ GOTTMAN

Das 7-Tage-Rezept für erfüllte Liebe

Aus dem Amerikanischen von Christa Broermann

Ullstein

Besuchen Sie uns im Internet:
www.ullstein.de

Wir verpflichten uns zu Nachhaltigkeit
- Papiere aus nachhaltiger Waldwirtschaft und anderen kontrollierten Quellen
- ullstein.de/nachhaltigkeit

FSC
www.fsc.org
MIX
Papier | Fördert gute Waldnutzung
FSC® C021394

Deutsche Erstausgabe im Ullstein Taschenbuch
1. Auflage Mai 2024

Titel der amerikanischen Originalausgabe: *The Love Prescription. Seven Days to More Intimacy, Connection and Joy*, erschienen bei Penguin Books, New York 2022.

Umschlaggestaltung: zero-media.net, München
Titelabbildung: © FinePic®, München
Satz: KCFG – Medienagentur, Neuss
Gesetzt aus Sabon Next
Druck und Bindearbeiten: ScandBook, Litauen
ISBN 978-3-548-06867-1

Wir widmen dieses Buch unseren lieben Freunden und
Kollegen Alan und Etana Kunovsky,
die mit uns das Gottman Institute gegründet und aufgebaut haben.
Es war ein wunderbarer gemeinsamer Weg.

INHALT

EINLEITUNG

KLEINE DINGE MÖGLICHST OFT

LIEBE. Das ist ein großes Wort – schwer zu definieren und auf den Punkt zu bringen. Die Dichter versuchen es schon seit Jahrhunderten: Sie ist wie eine leuchtend rote Rose *(Like a Red, Red Rose)* im Lied von Robert Burns. Oder sie ist »ein Markstein unverrückt, der auf den Sturm blickt und den nichts erschüttert« (Shakespeare, Sonett 116). Sie bedeutet *Alle Herrlichkeit auf Erden,* wie ein klassischer Liebesfilm meint, oder niemals um Verzeihung bitten zu müssen (wie es in dem Film *Love Story* heißt). Kann es für etwas so Gewaltiges, so Elementares, so Geheimnisvolles, so Individuelles eine Formel geben? Ein »Rezept« für Liebe?

Mit einem Wort: Ja.

Und das Wichtigste, das man über dieses »Liebesrezept« wissen muss, ist: Es ist kurz. Ganz kleine Dosen Liebe, jeden Tag verabreicht, sind alles, was für eine gesunde Beziehung nötig ist. Warum? Weil genau das eine Beziehung ausmacht – nicht eine einmalige große Geste, sondern eine Million winziger Dinge, jeden Tag, ein Leben lang.

Und wir sollten es wissen: Denn seit nunmehr 50 Jahren betrachten wir die Liebe unter dem Mikroskop. Von Johns ersten Forschungsprojekten zu Interaktionen zwischen Ehepaaren an der Indiana University spannt sich der Bogen bis heute, weil wir über das Gottman Institute noch immer direkt mit Paaren arbeiten. Als wir 1990 das Love Lab (das »Liebeslabor«) in Seattle gründeten, wollten wir wissen: Was führt dazu, dass die Liebe Bestand hat? Warum bleibt ein Paar für immer zusammen, während ein anderes auseinandergeht? Und ist es vielleicht sogar möglich, irgendetwas davon mit Daten zu quantifizieren – die Werkzeuge der Wissenschaft und der mathematischen Modellierung für eine Vorhersage darüber zu nutzen, ob ein Paar bis ans Ende seiner Tage glücklich zusammenleben wird?

Seitdem haben wir alle Arten von Paaren – verheiratete und unverheiratete, gleichgeschlechtliche und heterosexuelle, Paare mit und ohne Kinder, frisch verheiratete und erfahrene Eheprofis, die schon Jahrzehnte zusammen verbracht hatten – ins Labor geholt, um die Schlüsselfaktoren zu ergründen, die eine gute Beziehung ausmachen. Wir haben uns jede Facette ihrer Beziehung angesehen – ihre Körpersprache, ihren Gesprächsstil, die Art, wie sie streiten, ihre je eigene und ihre gemeinsame Geschichte, wir haben zugeschaut, wie ihre Herzfrequenz anstieg und wieder abfiel, und den Spiegel der Stresshormone in ihrem Körper gemessen. Wir haben jede ihrer Bewegungen gefilmt und das Bildmaterial bis auf eine Hundertstelsekunde genau analysiert. Wir haben jeden Datenschnipsel gesammelt, den wir erhaschen konnten. Wir haben die Liebe in all ihre kleinen Einzelteile zerlegt, um herauszufinden, was genau sie am Laufen hält. Wie wenn man mit einem Teilchenbeschleuniger zu Forschungszwecken Atome zertrümmert, wollten wir sehen, ob wir die Bausteine der Liebe isolieren könnten.

Und was haben wir daraus gelernt, dass wir die Liebe ins Labor geholt haben?

Eine Menge. Es ist unser Lebenswerk. Und dieses Büchlein wird Ihnen nur einen kleinen Ausschnitt daraus anbieten. Aber wir denken, dass es in vielfacher Hinsicht der wichtigste Ausschnitt ist. In diesem Aktionsplan für sieben Tage, den wir in mundgerechte Häppchen gegliedert haben, werden wir Sie an unseren grundlegendsten Erkenntnissen teilhaben lassen – Sie zu den ersten Schritten anleiten, mit denen Sie eine beständige Liebe aufbauen können. Und hier schon mal vorneweg: Liebe ist eine Praxis. Eher ein Handeln als ein Gefühl. Sie ist etwas, das Sie tun, nicht etwas, das Ihnen einfach zustößt. Und Sie müssen eine tägliche Dosis geben – und bekommen –, um eine gesunde, glückliche Beziehung lebendig zu halten.

Das Überraschende dabei ist, dass es keiner großartigen Gesten bedarf. Es geht nicht um einen Blumenstrauß zum Valentinstag oder einen Last-Minute-Trip nach Paris. Ihr Lieblingsmensch muss auch keine Serenaden vor Ihrem Schlafzimmerfenster trällern. Vielmehr geht es um all die kleinen Dinge, die man häufig macht. Sie kennen doch sicher das Sprichwort »Der Teufel steckt im Detail«? Also, bei Beziehungen steckt stattdessen die Liebe im Detail. Was hier gefragt ist, fällt leicht, wird aber allzu oft vergessen. Wir haben alle schon den Spruch gehört: »Zerbrich dir nicht den Kopf über Kleinigkeiten.« Das mag ein guter Rat für das Leben im Allgemeinen sein, aber in Bezug auf die Liebe ist er zu hundert Prozent falsch. Bei der Liebe geht es überall um die Kleinigkeiten. Und das Kopfzerbrechen lohnt sich.

Der Felsbrocken, der den Lauf eines Flusses veränderte

Mark und Annette hatten beschlossen, sich zu trennen. Der Entschluss war ihnen nicht leichtgefallen – sie waren seit mehr als zehn Jahren verheiratet und hatten eine achtjährige Tochter. Aber etwas war definitiv vorbei, und zwar schon sehr lange. Schritt für Schritt waren die gegenseitige Anziehungskraft, das Interesse füreinander, das gute Miteinander geschwunden. Die Ehe der beiden war langweilig und fade geworden. Sie freuten sich nicht mehr darauf, sich am Ende des Tages zu sehen, wie sie das früher getan hatten; irgendwie endeten die meisten ihrer Interaktionen jetzt mit Spannungen und Reibereien, nicht mit liebevollen Worten. Sie fühlten sich bestenfalls wie Geschäftspartner oder Zimmergenossen, nicht wie ein Liebespaar oder Freunde.

Als allerletzten Rettungsversuch schlug Mark vor, sie sollten einen Therapeuten aufsuchen. Das hatten sie noch nicht probiert. Und Annette meinte: »Warum nicht?« Sie hatten ja nichts zu verlieren.

Der Therapeut hörte sich ihre Geschichte an. Er fragte sie, was ihrer Meinung nach nicht in Ordnung sei und warum sie sich trennen wollten. Im Lauf mehrerer wöchentlicher Sitzungen kamen die Gründe ans Licht: *Wir vertragen uns nicht mehr. Haben keinen Sex mehr. Scheinen uns nur noch zu streiten.*

Dann sagte der Therapeut eines Tages: »Für das Wochenende habe ich eine Hausaufgabe für Sie.«

Er sagte ihnen, sie sollten etwas tun, das außerhalb ihrer Komfortzone liege. Ihrer eigenen Schilderung zufolge waren Mark und Annette sehr ordnungsliebende Menschen – sie wollten ihr Zuhause picobello sauber und tadellos organisiert haben. Reinlichkeit gehörte zu ihren obersten Prioritäten. Ihre Tochter räumte ihre Spielsachen immer sofort wieder auf, bei ihnen zu Hause lag nie etwas herum. Die Aufgabe, die ihnen der Therapeut gab, lautete: Gehen Sie in den Garten hinter Ihrem Haus, und machen Sie eine Schlammschlacht.

Die beiden waren platt. *»Was sollen wir machen?«*

»Eine Schlammschlacht«, wiederholte der Therapeut. »Nehmen Sie den Gartenschlauch, machen Sie eine Schlammgrube, ziehen Sie sich alte Klamotten an, und stürzen Sie sich ins Vergnügen. Bewerfen Sie einander mit Schlamm, lassen Sie sich voll darauf ein!«

Zu Hause schüttelte das Paar den Kopf und seufzte. Wirklich Pech, dass sich dieser Therapeut als Idiot entpuppt hatte. Jetzt mussten sie sich einen neuen suchen. Ihre Tochter, die das Gespräch mitbekommen hatte, war anderer Meinung als ihre Eltern.

»Ich finde, es ist eine super Idee!«, rief sie dazwischen.

Die beiden schüttelten wieder den Kopf. Kinder! Das Wochenende kam, und sie fühlten sich – wie gewohnt – angespannt und ohne Verbindung. In ihrer blitzblanken Küche besprachen sie beim Kaffee die Lage: Sollten sie die Therapie aufgeben? Wieder von vorne anfangen und einen neuen Therapeuten suchen? Erneut mischte sich ihre Tochter ein: »Lasst uns doch diese Schlammschlacht machen!«, rief sie. »Los, kommt! Probiert es doch einfach mal aus!«

Sie gab keine Ruhe. Wenn Sie Kinder haben oder welche kennen, wissen Sie, wie hartnäckig sie sein können – und wie *laut*. Mark und Annette ergaben sich mit erhobenen Händen. »Okay, okay«, sagten sie. »Du hast gewonnen.« Sie zogen alte

Klamotten an. Mark kramte ein T-Shirt heraus, das er vor Jahren bei einem Konzert gekauft hatte, als er und Annette noch in der Datingphase waren, nur waren seine Haare inzwischen leicht angegraut, und das Shirt saß um die Mitte ein bisschen stramm. Annette trug schließlich eine alte, fleckige Bluse, die längst aus der Mode gekommen war. Die beiden fühlten sich absolut lächerlich, als sie im Garten herumstanden, während aus dem Schlauch kaltes Wasser in einen Haufen Erde strömte. Aber ihre Tochter sah sie erwartungsvoll und aufgeregt an: Was sollten sie also jetzt machen? Mark bückte sich und nahm eine Handvoll kalten Matsch, zögerte dann jedoch. Annette nutzte diesen Moment dazu, Schlamm in seine Richtung zu werfen. Jetzt waren seine Wangen dunkel gesprenkelt. Dadurch provoziert, warf er eine Handvoll Matsch nach ihr; sie schrie auf und bückte sich nach neuem Schlamm; ihre Tochter schaufelte mit beiden Händen ganze Berge von Matsch auf, und es dauerte nicht lange, bis eine gewaltige Schlammschlacht im Gange war. Bald konnten sie sich vor Lachen nicht mehr halten, warfen wild mit Matsch um sich, rutschen darin aus, fielen hinein und kugelten sich darin. Am Ende hielten sie sich in den Armen, lachten und küssten sich. Sie hatten sich einander noch nie so nahe gefühlt. Und so dreckig.

Diese Schlammschlacht veränderte ihre Beziehung grundlegend. Sie dauerte nur kurze Zeit – und doch hatte sie eine enorme Wirkung. Mark und Annette beschlossen in diesem Moment, ihre Familie brauche künftig mehr Zeit für Spaß und Abenteuer. Ihre Erfahrung hat uns daran erinnert, dass ein Fluss seinen ganzen Lauf ändern kann, wenn ein einziger Felsbrocken mitten hineinfällt. Er muss um den Felsen herumfließen, steigt ein Stück an und bedeckt mehr von der Böschung, gräbt sich einen neuen Weg durch Sand, Lehm und Gestein. Geologen haben herausgefunden, dass Flüsse im Lauf der Zeit auf diese Weise sogar ganze neue Täler formen können – alles nur aufgrund einer winzigen Veränderung.

Im Love Lab

Mark und Annette erzählten uns diese Geschichte und noch mehr, als sie ins Love Lab kamen, um an einer unserer Studien teilzunehmen. Als wir sie beobachteten, war schnell klar, dass es ihnen gelungen war, wieder zu einer stabilen und liebevollen Ehe zurückzufinden. Nach so vielen Jahren intensiver Forschung können wir, wenn wir ein Paar 15 Minuten lang beobachten, mit einer Trefferquote von 90 Prozent vorhersagen, ob die beiden zusammenbleiben werden oder nicht … *und* ob diese Verbindung glücklich sein wird.[1] Und wir erkannten, dass Mark und Annette jetzt dauerhaft gemeinsam unterwegs waren.

Lange bevor wir das Gottman Institute gründeten, hatte John ein Mathematikstudium begonnen, weil er davon fasziniert war, dass man mit Zahlen wichtige Tatsachen über die Welt voraussagen kann. Aber während er als Graduierter am MIT arbeitete, merkte er, dass ihn die Psychologiebücher seines Zimmergenossen mehr interessierten als seine eigenen Fachbücher. Er sattelte um. Und dann, als er mehrere Jahrzehnte lang über Beziehungen geforscht hatte, kam seine alte Liebe zur Mathematik wieder zum Vorschein. Er begann nach der Mathematik der Liebe zu fragen. Schließlich konnten Biomathematiker schon alle möglichen Dinge modellieren, von Pandemien über Tumorwachstum bis hin zur Frage, warum

Tiger Streifen und Leoparden Flecken haben. Warum dann nicht auch die Liebe?

Zu Johns ersten Entdeckungen im Love Lab gehörte, dass wir oft falsche Vorstellungen davon haben, was die Liebe am Leben hält. Er verfolgte seine Theorien und Ergebnisse über lange Zeiträume und stellte dabei fest, dass 60 Prozent seiner anfänglichen Ansichten darüber, was eine Ehe erfolgreich macht oder scheitern lässt, verkehrt waren. Wie wir alle hatte er diese Ansichten aus kulturellen Stereotypen abgeleitet – aus unseren Lieblingsromanen, Fernsehshows und Filmen, aus unseren eigenen Familien und Erfahrungen. Sie alle können uns leicht in die Irre führen und tun das auch oft. Aus diesem Grund brauchen wir tatsächlich *Daten*. Daten zu analysieren kann zuverlässig offenlegen, was an den Meinungen über den Erfolg von Beziehungen richtig ist und was nicht. Zum Glück hat John nicht aufgegeben, obwohl seine Vorhersagen anfangs so erbärmlich schlecht waren. Gemeinsam mit seinem besten Freund Dr. Robert Levenson und seiner Frau Dr. Julie Schwartz Gottman widmete er sein Berufsleben dem Sammeln und Analysieren von Daten, um hinter die Wahrheit zu kommen. Und das Ergebnis? Es *gibt* eine Wissenschaft der Liebe. Und das Beste ist, dass wir inzwischen eindeutige Wege kennen, einer Beziehung auf die Sprünge zu helfen. Die Liebe ist – nach all dieser Zeit – kein so großes Geheimnis mehr.

Wir haben im Love Lab mehr als 3000 Paare untersucht, deren Weg wir teilweise über 20 Jahre verfolgten, und über 40 000 Paare, die im Begriff waren, eine Paartherapie zu beginnen. Wir haben unzählige Stunden Filmmaterial angeschaut. Millionen von Datenpunkten gesammelt. Und haben dabei entdeckt, dass es universelle Faktoren gibt, die eine Beziehung gelingen oder scheitern lassen, die Vorhersagen ermöglichen, ob ein Paar zusammenbleiben und glücklich sein wird oder nicht. Damit es gut läuft, sind drei Dinge nötig:

Erstens muss ein Paar neugierig aufeinander bleiben. Wir alle wachsen und verändern uns mit der Zeit. Erfolgreiche Paare wissen das und nehmen sich die Zeit, eine »Liebeslandkarte« anzulegen und sie immer wieder zu ergänzen – ihr Wissen um die Innenwelt des jeweils anderen zu vertiefen. Das heißt nicht nur, dass man Fragen stellt, sondern auch, dass man die richtigen Fragen stellen muss.

Zweitens muss das Paar Zärtlichkeit und Bewunderung füreinander empfinden. Das bedeutet unter anderem, dass man das Gute sieht und würdigt, das der Partner oder die Partnerin tut, und die Dinge findet und hervorhebt, die man am anderen bewundert, und diese Dinge laut und deutlich ausspricht oder durch eine Berührung ausdrückt. Eine Menge Leute meinen, ihr Partner oder ihre Partnerin wüsste schon, dass er oder sie geliebt und bewundert wird – aber wir haben oft beobachtet, dass dem nicht so ist. Liebevolle Worte müssen viel häufiger laut gesagt werden, als uns klar ist. Hier geht es nicht um den Schwapp Wasser, den Sie Ihren Pflanzen alle paar Tage verabreichen, sondern um den Sauerstoff, den Sie tagaus, tagein atmen müssen.

Und drittens müssen sich die Paare einander zuwenden, anstatt sich wegzudrehen. Das heißt, die beiden machen einander Angebote, die wir gerne als »Kontaktangebote« bezeichnen, und gehen auch auf sie ein. Diese Angebote können in Kleinigkeiten bestehen, wie etwa, wenn man den anderen beim Namen ruft, oder es kann um etwas Größeres gehen, wie etwa eine Bitte, tiefere Bedürfnisse zu erfüllen. Erfahrene Paare sind klug genug zu merken, wann ihr Partner oder ihre Partnerin ein solches Kontaktangebot macht, und sie legen nötigenfalls weg, womit sie gerade beschäftigt sind, um darauf einzugehen.

Das sind die Faktoren, die die »Meister« oder »Meisterinnen« der Liebeskunst von denen unterscheiden, die in der Liebe eine Katastrophe sind. Weiterhin begreifen die Meister und Meisterinnen, dass gerade die kleinen Dinge, die sie alle Tage machen (oder nicht machen), eine Beziehung glücken oder scheitern lassen können – denn diese sorgen für Intimität. Es braucht nicht viel, um eine Beziehung zum Guten zu wenden. Es erfordert eine Frage oder auch zwei – von der richtigen Sorte. Es erfordert ein »Dankeschön« oder ein echtes, gelungenes Kompliment. Es erfordert, dass Sie Ihrem Partner oder Ihrer Partnerin die Chance geben, etwas für Sie zu tun. Es erfordert einen sechs Sekunden langen Kuss. Es erfordert ... eine Handvoll Schlamm.

Vielleicht fällt Ihnen auf, dass in dieser Liste bezeichnenderweise ein paar Dinge fehlen. Vor allem *Streit*.

Natürlich gehört Streit zu jeder engen Beziehung. Aber wenn eine Beziehung auf der Kippe steht oder auch nur ein bisschen abgekühlt ist, ist ein großer Konflikt der letzte Startpunkt, den Sie brauchen können. Wir sagen nicht, Sie sollten Ihre Probleme ignorieren. Wir sagen nur, dass sie kein guter Ausgangspunkt sind. Wir wissen aus dem Love Lab, dass die besten Beziehungen nicht die Partner haben, die einander in erster Linie sagen, was mit dem jeweils anderen nicht stimmt. Vielmehr beruhen sie auf Partnern, die sich vorwiegend sagen, was *gut* ist. Daher werden wir Ihnen hier nicht vorschlagen, Sie sollten sich an den Küchentisch setzen, an Ihren Fähigkeiten zum Konfliktmanagement arbeiten oder sich Ihre großen

Streitthemen vornehmen – ganz gleich, ob Sie nur eine holprige Wegstrecke bewältigen müssen oder gerade erst anfangen und sich fragen, welche Reibungspunkte wohl noch vor Ihnen liegen mögen. Wir werden Ihnen sagen, Sie sollten erst mal hinters Haus in den Garten gehen, eine Schlammgrube anlegen und ein bisschen Spaß haben.

Wir versprechen Ihnen, dass wir es Ihnen leichtmachen werden. Im Lauf der nächsten Woche können Sie Ihre Beziehungskultur zum Besseren verändern – und Sie können das in kleinen, sofort gangbaren Schritten tun. Für die nächsten sieben Tage wird Ihr Motto lauten: *Kleine Dinge so oft wie möglich.*

Dies ist ein Grundkurs in Beziehungsgestaltung. Niemand belegt diesen Kurs in der Highschool oder im College (obwohl wir das dringend bräuchten!). Wie man Beziehungen führt, müssen wir ganz alleine lernen, indem wir es uns von unseren Eltern, aus dem Fernsehen oder aus Kinofilmen abschauen. Und dort finden wir nicht immer eine gute Anleitung. Wir haben all diese Jahre gebraucht, um die Formel für eine gute Beziehung herauszufinden, und über die nächsten sieben Tage werden wir die besten und wirksamsten Ratschläge an Sie weitergeben, die wir herausdestilliert haben.

Jeder kann sie anwenden, von jedem beliebigen Ausgangspunkt aus. Julie hat in ihrer Praxis mit Menschen gearbeitet, die mit den schwierigsten Umständen fertigwerden mussten, die Sie sich vorstellen können: mit Kriegsveteranen mit einer Posttraumatischen Belastungsstörung, Heroinsüchtigen, Menschen, die Krebs überlebt haben, Gruppen, die in tiefer Armut leben. Es ist schwer, und es ist herzzerbrechend. Und sie liebt es. Es ist eine Arbeit, die die unglaubliche Widerstandsfähigkeit der menschlichen Seele bezeugt – Menschen tauchen aus der

Dunkelheit auf und gelangen ans Licht. Im Love Lab hat sie dasselbe auch bei Beziehungen gesehen. Vielleicht ist keine Glut mehr da, nur noch Asche. Und doch – kaum bläst man ein bisschen hinein, schon lodert ein Feuer auf!

WIE SIE DIESES BUCH NUTZEN KÖNNEN

In jedem der folgenden Kapitel werden Sie gebeten, eine neue, beziehungsfördernde Gewohnheit in Ihren Alltag einzuführen, eine Woche lang jeden Tag. Sieben Tage, sieben neue Gewohnheiten. Sie werden Ihnen leichtfallen. Sie werden schnell gehen. Sie werden Spaß machen. Es wird keine großartigen Gesten und keine langen, schwierigen Gespräche geben. Es gibt keine Voraussetzungen dafür, wann und wo Sie diese Übungen mit Ihrem Gegenüber machen. Sie können zu jeder Tageszeit stattfinden, selbst an den vollsten Tagen, etwa während Sie das Geschirr aufräumen oder im Auto unterwegs sind. Es gibt nichts einzukaufen, zu tun oder vorzubereiten. Sie können auf der Stelle anfangen.

Aber ehe wir loslegen, möchten wir ein paar Fragen besprechen, die Sie vielleicht haben: Nämlich wie Sie dieses Buch nutzen und was Sie davon erwarten können.

Ist es zu früh?

Wenn Sie gerade erst jemanden kennengelernt haben, an dem Sie interessiert sind, fragen Sie sich vielleicht, ob es nicht zu früh ist, eine »Intervention« ins Spiel zu bringen. Es gibt kein *Zu-Früh*, um diese für die Liebe »besten Gewohnheiten« einzuführen. *Je früher, desto besser.* Die meisten Paare warten viel zu lange, bis sie sich Hilfe suchen – im Durchschnitt vier bis sechs Jahre. Wenn sie dann zu uns kommen, sind sie schon so weit in die falsche Richtung marschiert, dass es uns eine Menge Mühe kostet, ihnen zu helfen, wieder aus dem Dickicht herauszufinden. Wir denken oft: *Hätten wir euch nur früher zu fassen bekommen!*

Aus irgendeinem Grund kursiert in der Welt das Missverständnis, man brauche nur Hilfe bei seiner Beziehung, wenn man Probleme hat. Aber in anderen Lebensbereichen handeln wir meist nach einer anderen Devise. Bei allem, von unserem Körper bis zu unserem Berufsleben und sogar unseren *Autos*, sind wir proaktiv – wir versuchen, vernünftig zu essen und uns zu bewegen, wir bringen unser Auto zur Inspektion, *ehe* es liegen bleibt. Warum denken wir bei Beziehungen nicht genauso?

Es ist *klug*, früh anzufangen – jede Art von Beziehung so gesund und gut in Schuss wie möglich zu halten. Wenn die Beziehung noch ganz frisch ist, wissen Sie vielleicht noch nicht einmal, ob das der Mensch ist, mit dem Sie den Rest Ihres Lebens verbringen wollen – und das ist völlig in Ordnung! Sie brauchen nicht hundertprozentig sicher zu sein, Sie müssen nur wissen, was Sie herausfinden wollen. Die Daten in diesem Buch – die aus den gelungensten von uns untersuchten Beziehungen herausgefiltert wurden – werden Ihnen helfen, einen guten Start hinzulegen … und dann in die richtige Richtung weiterzumarschieren.

Ist es zu spät?

Wenn Sie auf einer besonders steinigen Wegstrecke Ihrer Ehe oder Beziehung auf dieses Buch stoßen, fragen Sie sich vielleicht, ob sich das Zeitfenster für eine Wendung zum Guten nicht bereits geschlossen hat. Ihre Probleme können sich kompliziert und tiefsitzend anfühlen. Dann mag es Ihnen sehr schwerfallen, einen Ausweg zu sehen.

Dazu können wir Ihnen sagen: In all den Jahren unserer Forschung und Beratungspraxis sind wir nur außerordentlich selten Paaren begegnet, für die es wirklich »zu spät« war. Die meisten Paare warten im Schnitt *sechs unglückliche Jahre ab*, ehe sie Hilfe suchen.[1] Ob Sie vor einer Woche oder vor zehn Jahren auf Probleme gestoßen sind – wir können Ihnen helfen. Das Einzige, das wirklich das Ende einer Beziehung bedeutet, ist, dass Sie schon beide das Handtuch geworfen haben. Und wenn Sie zu diesem Buch gegriffen haben, machen wir jede Wette, dass das nicht zutrifft.

Wir haben gesagt, dass wir mit 90-prozentiger Treffsicherheit vorhersagen können, ob ein Paar zusammenbleiben wird oder nicht und ob es in einer glücklichen Verbindung leben wird – aber das ist nicht in Stein gemeißelt. Wir können nicht buchstäblich die Zukunft vorhersehen. Wir nehmen unsere Einschätzung lediglich nach bestem Wissen aufgrund der *Muster* vor, die wir beobachten. Wenn Menschen ihre ungesunden Muster gegen gesunde eintauschen, können sie ihre Zukunft verändern.

Sie denken vielleicht, die Paare, die zu Beginn einer Intervention am unglücklichsten sind, hätten am wenigsten Nutzen davon – sie wären nicht in der Lage, alles wieder einzurenken.

Aber das ist nicht wahr. Unsere Forschungsarbeiten (und die Arbeiten anderer in diesem Bereich) zeigen, dass die Paare, die am meisten zu kämpfen haben, in Wirklichkeit auch am meisten gewinnen. Jeder kann von diesen Vorschlägen profitieren. Und wenn Sie auf einer steinigen Wegstrecke sind, können Sie tatsächlich mit der größten Veränderung rechnen.

Kurz gesagt: Es ist nicht zu spät, Ihre Beziehung zu stärken.

Und wenn mein Partner oder meine Partnerin nicht davon begeistert ist, das mit mir zu machen?

Es wäre prima, Sie würden das Buch gemeinsam lesen. Aber wir sind hier im wahren Leben, und die Dinge laufen nicht immer so, wie es ideal wäre! Wenn vor allem Sie derjenige oder diejenige sind, der oder die das Buch lesen will, dann lassen Sie Ihr Gegenüber an den interessantesten Details aus jedem Kapitel teilhaben – so wird etwa »Hey, hast du gewusst, dass Paare, die schmusen, auch den meisten Sex haben?« auf alle Fälle Aufmerksamkeit wecken.

Sagen Sie dem oder der anderen: Die Übungen sind leicht. Die meisten dauern bloß ein paar Minuten. Und sie machen *Spaß*. Sagen Sie Ihrem Partner oder Ihrer Partnerin, dass sie Wege sind, Leidenschaft, Verbundenheit und guten Sex zu fördern – und ein bisschen mehr Leichtigkeit und Liebe ins Haus zu bringen. Das können wir alle gebrauchen, ganz gleich, wie wunderbar unsere Partnerschaft bereits sein mag.

Kann ich meine Beziehung wirklich in nur einer Woche ändern?

Als wir das Love Lab leiteten, hatten wir viele Erfolge bei der Arbeit mit Paaren und entwarfen eine Fülle von maßgeschneiderten Interventionen, die sie ausprobieren konnten. Aber wir überlegten: Und wenn sich ein Paar nicht ein ganzes Wochenende für Workshops freinehmen kann? Können wir auch dann noch etwas ausrichten?

Also führten wir (unter Mithilfe von *Reader's Digest* und der Autorin Joan DeClaire) ein Experiment durch. Wir holten Paare ins Love Lab. Sie nahmen eine ausführliche Bewertung ihrer Beziehung vor, die wir mit allen Paaren durchführten, die zu uns kamen – sie hatten umfangreiche Fragebogen auszufüllen, die jeden Winkel ihrer Beziehung beleuchteten. Dann schickten wir sie zum Mittagessen.

Während sie sich ein Sandwich besorgten, trafen wir uns mit unserem Mitarbeiterstab, um die Antworten durchzuschauen, die Daten auszuwerten und *eine einzige* Intervention auszuwählen, die sich in einer Stunde durchführen ließ. Beispielsweise konnten wir den Paaren beibringen, ihre Bedürfnisse positiv auszudrücken, ohne ihren Partner oder ihre Partnerin zu kritisieren. Als sie zurückkamen, führten wir diese eine Intervention durch. Und dann warteten wir … zwei Jahre.

Nach diesen zwei Jahren schaute sich Joan an, was aus all den Paaren geworden war. Sie stellte eine umwerfend hohe Erfolgsrate dieser *einen* Intervention fest. Im Großen und Ganzen hatten die Paare ihre Dynamik verändert. Und die Veränderung war auch noch nach zwei Jahren stabil.[1]

Ja, wir hatten tatsächlich die vermutlich hilfreichste Maßnahme getroffen. Aber es war doch sehr eindrucksvoll, dass eine einzige Neuerung in der Art, wie ein Paar miteinander umging, so große Auswirkungen auf seine Beziehung und sein Leben haben konnte.

Können diese kleinen Veränderungen der Gewohnheiten, die wir hier empfehlen, wirklich Ihre Beziehung verwandeln?

Jawohl.

Wir sind noch ineinander verliebt. Reicht das nicht?

Das ist leicht zu beantworten: *Nein.*

Verliebtheit ist nicht genug. Denn oft hören wir im Lauf der Zeit auf, einander zu umwerben. Romantik, Spaß, Abenteuer und guter Sex zählen nicht mehr zu unseren Prioritäten. Das Leben kommt uns in die Quere. Bei einer Studie mit 30 Paaren, bei denen jeweils beide Partner berufstätig waren, fand das Sloan Center for Working Families an der UCLA heraus, dass sich solche Beziehungen häufig auf endlose To-do-Listen reduzieren und sich die Gespräche nur noch um Besorgungen und Planung drehen.[2] Mit anderen Worten: Sie müssen die Aspekte der Beziehung, die wir Ihnen darlegen werden, gezielt *üben*.

Diese Übungen werden Ihnen helfen, wenn Sie noch in der Datingphase sind und sich fragen, wie es weitergehen soll, und ebenso, wenn Sie schon 50 Jahre verheiratet sind. Sie sind für jedes Alter und für jedes Stadium geeignet. Das ist unsere Startausrüstung für einen wunderbaren Anfang, einen Neustart oder eine Kurskorrektur. Und alles, was Sie brauchen, um anfangen zu können, ist die Bereitschaft zum Ausprobieren.

TAG 1

NEHMEN SIE KONTAKT AUF

Alison und Jeremy kamen zu einem unserer Wochenendseminare für Paare und sahen sehr müde aus. Das überraschte uns nicht: Aus ihren Anmeldeformularen wussten wir schon, dass sie noch recht kleine Kinder hatten und monatelang von zu Hause aus gearbeitet und gleichzeitig die Kinder beim Online-Unterricht beaufsichtigt hatten. Natürlich waren sie erschöpft.

Es war neun Monate nach Ausbruch der COVID-19-Pandemie, und wie alles andere fand auch unser Seminar auf Zoom statt. Da wir nicht im gleichen Raum waren wie unsere Seminarteilnehmer, mussten wir uns ganz besonders anstrengen, um ihre emotionale Verfassung und ihre Körpersprache wahrzunehmen. Aber selbst im etwas körnigen, pixeligen Zoom-Fenster konnten wir erkennen, dass zwischen Alison und Jeremy keine Verbindung bestand. Sie saßen nebeneinander, sodass wir sie beide auf unserem Bildschirm sehen konnten, aber sie hätten ebenso gut in getrennten Zoom-Kästchen sein und meilenweit voneinander entfernt in verschiedenen Räumen sitzen können.

Alison und Jeremy erklärten uns, warum sie sich angemeldet hatten: Sie waren sich ständig uneins. Immer schienen sie unterschiedlicher Meinung darüber zu sein, wie man Dinge handhaben sollte – angefangen bei einem Kind, das sein Gemüse nicht aufessen wollte, bis hin zu der Frage, wie viel Risiko sie guten Gewissens während der Pandemie eingehen konnten. Sollten sie sich draußen mit Freunden treffen oder mit überhaupt niemandem zusammenkommen? Sollten sie von den Kindern verlangen, eine Maske zu tragen, wenn sie in der Nachbarschaft eine Runde mit dem Fahrrad drehten? Aus allem wurde ein Streit, und dann kam das Leben dazwischen, ehe sie den Konflikt lösen konnten – die Kinder platzten herein, etwas Berufliches musste dringend erledigt werden (die Arbeit erstreckte sich jetzt gefühlt über 24 Stunden, seit alles im Homeoffice stattfand) –, und am Ende grübelten sie ständig über den Streit nach und regten sich immer mehr auf. Sie kamen auf Gedanken, die sie bisher noch nie in Bezug aufeinander gehabt hatten: *Er nimmt meine Meinung nie wirklich ernst; er überlegt sich nur lauter Gründe, warum ich unrecht habe. Sie will immer ihre Pläne durchsetzen; sie muss unbedingt immer gewinnen.*

»Früher waren wir mehr im Einklang«, sagte Alison. »Mit kleinen Kindern gab es zwar immer schon eine Menge zu organisieren, und alles Mögliche ging schief. Aber jetzt ziehen wir einfach nie mehr am gleichen Strang.«

Wir baten sie, uns einen typischen Tag zu schildern. Wann hatten sie Gelegenheit, miteinander Kontakt aufzunehmen? Nicht Probleme zu lösen oder die organisatorischen Aufgaben des Alltags zu besprechen – sondern miteinander zu reden und einander zuzuhören.

Sie schauten uns verblüfft an.

»Wir haben keine«, antwortete Jeremy. Sie legten morgens sofort mit vollem Einsatz los, der eine erledigte berufliche Telefonate in einem Schlafzimmer, während der andere den Kindern Frühstück machte und dafür sorgte, dass sie rechtzeitig für den Online-Unterricht fertig waren; einer von ihnen ließ häufig das Mittagessen ausfallen, manchmal auch alle beide, um noch ein bisschen mehr Arbeitszeit herauszuholen. Das Abendessen war chaotisch, dann räumte einer von ihnen die Küche auf, während der andere die Kinder ins Bett brachte. Jeremy sagte: »Bis ich mit dem Abwasch fertig bin und nach oben komme, schläft sie meistens schon.«

Wir brauchen nicht mitten in einer Pandemie zu stecken, damit uns das bekannt vorkommt. Und man braucht sich auch nicht um Kinder kümmern müssen, um gefühlt keine Zeit für eine Kontaktaufnahme zu finden. Hier spielt eine weitverbreitete, vollkommen falsche Vorstellung eine Rolle: Damit ein Kontakt bedeutsam ist, muss man ihm viele Stunden widmen. Deshalb haben wir an einem Tag mit viel Arbeit einfach keine Zeit dafür.

Richtig?

Falsch.

Wir haben fortwährend Gelegenheiten für Kontakte, die uns nähren – aber wir verpassen sie. Wir wissen nicht genau, wonach wir eigentlich suchen, und wir wissen nicht, wie wichtig diese scheinbar kleinen, flüchtigen, unbedeutenden Momente sein können. In der Sprache der Wissenschaft von der Liebe ausgedrückt, machen wir in diesen kurzen Momenten etwas, das wir »Beziehungsangebote« oder »Kontaktangebote« nennen.

Was ist ein Kontaktangebot? Es kann wie eine beiläufige Bemerkung aussehen. Es kann einfach darin bestehen, dass sich jemand neben den anderen setzt. Es kann sehr subtil sein und nur in einem Seufzer bestehen. Es ist eine *Einladung, in Verbindung zu treten*. Und wie wir auf diese winzigen Kontaktangebote reagieren, kann tatsächlich über das Gelingen oder Scheitern einer Beziehung entscheiden! Das war eine unserer ersten und sehr grundlegenden Entdeckungen im Love Lab.

Kontaktangebote: Wichtigster Vorhersagefaktor für Glück

Wir haben unser erstes Love Lab in einem Appartement am Ufer des Montlake Cut eingerichtet, in der Nähe des Campus der University of Washington mit ihren Backsteingebäuden und den unzähligen Zierkirschen an den Wegen. Für ein Labor war es ungewöhnlich gemütlich. Wir wollten nicht, dass die Leute beim Hereinkommen das Gefühl hatten, sie wären in einem wissenschaftlichen Labor. Wir wollten, dass sie sich dort wie zu Hause fühlten.

Julie entwarf das Labor mit dieser Absicht im Hinterkopf – es gab Bilder an den Wänden, bequeme Sitzmöbel und kuschelige Decken auf dem Sofa, eine voll eingerichtete Küche. Man konnte Musik hören und fernsehen. Die großen Panoramafenster rahmten den See ein, der schimmernd und glatt in der Sonne lag (es regnet hier nicht so viel, wie die Leute immer denken – aber sagen Sie es nicht weiter, es ist das kleine Geheimnis von Seattle!). Am Abend sah man die glitzernde Skyline der Innenstadt, akzentuiert von der berühmten Silhouette der Space Needle. Hätte man es nicht besser gewusst, hätte man gedacht, man betrete eine umsichtig ausgestattete Airbnb-Unterkunft. Man brauche nur sein Gepäck abzustellen und zu einem Abendausflug in die Stadt aufzubrechen. Aber wenn man ins Love Lab kam, ging man nicht aus. Die Paare waren da, damit wir sie beobachten konnten. Sie hätten vielleicht die drei Kameras entdecken können, die an verschiedenen Stellen im Appartement an die Wand montiert waren – nach unserer Schätzung war das die Anzahl, die wir brauchten, um den ganzen Raum ohne tote Winkel überwachen zu können.

Für unsere erste große Studie baten wir 130 frisch verheiratete Ehepaare ins Love Lab, immer eines nach dem anderen. Diese Paare waren noch in der Honeymoon-Phase – in den Monaten direkt nach der Heirat. Wir gaben ihnen keinerlei Anweisungen. Wir brachten sie einfach nur für das Wochenende dort unter und ließen sie tun, was immer sie auch unter normalen Umständen gemacht hätten. Sie schauten sich ihre Lieblingsshows im Fernsehen an, lasen Zeitung, bereiteten ihre Mahlzeiten zu, wuschen ab, unterhielten sich und stritten. Wir beobachteten *alles* und zeichneten *alles* auf. Wir gingen noch den kleinsten Verhaltensmustern nach. Alles wurde codiert.

Wir wussten noch gar nicht genau, was wir eigentlich suchten – damals hatten wir keine Ahnung, welche spezifischen Verhaltensweisen sich als bedeutsam erweisen würden oder künftiges Glück oder Unglück ankündigten. Wir wussten lediglich, dass wir alles genau beobachten und codieren mussten, damit wir es herausfinden konnten.

Ziemlich rasch zeichnete sich ein Muster im Zusammenhang mit dem ab, was wir bald als Beziehungs- oder Kontaktangebot bezeichneten. Eine Person machte ein Angebot, initiierte einen Augenblick der Verbundenheit – das konnte körperlich oder sprachlich, augenfällig oder subtil sein –, und wer von uns gerade die Kamera führte, zoomte das Gesicht des jeweils anderen nahe heran. Der Partner oder die Partnerin reagierte auf diese Angebote mit einer von drei möglichen Verhaltensweisen:

1. Mit **Zuwendung:** Er oder sie gab eine positive oder bestätigende Antwort, nahm von der anderen Person Notiz und ging auf ihren Versuch der Kontaktaufnahme ein. (Selbst ein »Hm?« kann als Zuwendung zählen.)
2. Mit **Abwendung.** Er oder sie gab keine Antwort und ignorierte entweder absichtlich den Versuch der Kontaktaufnahme oder bekam ihn gar nicht mit.
3. Mit **Feindseligkeit:** Er oder sie antwortete gereizt oder ärgerlich, um den Versuch der Kontaktaufnahme abzuwürgen.

Wie sehen diese drei Verhaltensweisen jeweils in der Praxis aus?

Nehmen wir folgendes Beispiel:

Ihr Partner oder Ihre Partnerin scrollt auf dem Handy und bemerkt: »Oh, hier kommt ein interessanter Artikel.« ← *Kontaktangebot*

Hier sind Ihre möglichen Reaktionsweisen:

a. Sie schauen hoch und sagen: »Ach ja? Worüber denn?« ← *Zuwendung*
b. Sie tippen an der E-Mail weiter, die Sie gerade schreiben, und starren auf Ihren Bildschirm. ← *Abwendung*
c. Sie sagen: »Sei still! Siehst du nicht, dass ich zu arbeiten versuche?!« ← *Feindseligkeit*

Manchmal können Kontaktangebote eher negativ aussehen

oder sind schwer zu deuten, und wir registrieren sie gar nicht als Versuch, in Verbindung zu treten. Schauen wir uns ein weiteres, vielleicht etwas weniger eindeutiges Beispiel an:

Sie sitzen gemeinsam still beim Abendessen. Dabei stoßen Sie einen tiefen Seufzer aus. (Das ist das Angebot.) Ihr Partner oder Ihre Partnerin kann nun folgendermaßen reagieren:

d. Er oder sie sagt: »Schatz, ist etwas nicht in Ordnung? Du hörst dich müde an.« ← *Zuwendung*
e. Er oder sie liest nebenbei Zeitung, blättert um und sagt nichts. ← *Abwendung*
f. Er oder sie sagt: »Was ist denn jetzt schon wieder los?!« ← *Feindseligkeit*

Im Labor (und im wahren Leben!) gibt es keine Paare, die zu 100 Prozent mit Zuwendung reagieren. Aber ob Sie sich oft zuwenden oder nur ab und zu, ist wirklich wichtig … *enorm* wichtig. Wir verfolgten den Weg unserer 130 frisch verheirateten Paare über mehrere Jahre hinweg – während der Flitterwochen, der ersten Monate, der ersten Schwangerschaft, der Geburt ihrer Babys und darüber hinaus. Wir sahen bei manchen Paaren Glück, bei anderen Unglück und bei wieder anderen eine Scheidung. Als wir nach sechs Jahren noch einmal auf die Daten schauten, um zu sehen, welche codierten Verhaltensweisen bedeutsam gewesen waren, machten wir eine gewaltige Entdeckung: Die Paare, die sich hatten scheiden lassen, hatten nur in 33 Prozent aller Fälle auf die Kontaktangebote ihres Partners oder ihrer Partnerin mit Zuwendung reagiert. Die Paare, die zusammenblieben, hatten sich in 86 Prozent aller Fälle einander zugewandt.[1] Das war ein riesiger Unterschied –

ein statistischer Abstand, den man bei wissenschaftlichen Untersuchungen nur selten findet.

Damit hatten wir eine wichtige Stelle für eine Intervention gefunden. Wenn wir Paaren helfen konnten, die Bedeutung dieser kleinen Momente zu begreifen, die ihnen belanglos vorkommen mochten und leicht unbemerkt vorübergingen, konnten wir sie wirklich dabei unterstützen, die Dinge zum Besseren zu wenden. Wie die Menschen auf die Beziehungs- oder Kontaktangebote ihrer Partner reagierten, war tatsächlich der wichtigste Vorhersagefaktor für das Glück und die Stabilität der Beziehung. Diese flüchtigen kleinen Momente machten, wie sich herausgestellt hatte, den Unterschied zwischen Glück und Unglück aus, zwischen einer dauerhaften Liebe und einer Scheidung.

Zuwendung: Der wichtigste Beziehungskniff

Wir bieten immer wieder einen zweitägigen Workshop für Paare an, bei dem an Tag eins *Freundschaft und Intimität* im Mittelpunkt stehen und an Tag zwei der Schwerpunkt auf *Konflikten* liegt. Sinn und Zweck der Übung ist natürlich, dass die Paare sich mit *beiden* Themen befassen, die gleichermaßen wichtig sind. Aber irgendwann fragten wir uns: Welches von beiden ist dringlicher? Wenn die Paare mit der wirksamsten Maßnahme anfangen wollen, welche bietet dann die größte Hilfe?

Daraufhin machten wir ein Experiment: Eine Teilnehmergruppe absolvierte nur Tag eins, eine andere Gruppe nur Tag zwei, und eine dritte nahm an beiden Tagen teil. Ein Jahr später kontaktierten wir die Paare erneut. Wie war es ihnen ergangen?

Es ist vermutlich keine große Überraschung, dass die Gruppe, die an beiden Tagen des Workshops teilgenommen hatte, nach einem Jahr noch die meisten *anhaltenden Veränderungen* zu verzeichnen hatte. Aber interessanterweise schnitt die Gruppe, die nur an Tag eins teilgenommen hatte, ebenfalls ziemlich gut ab! Hingegen erging es der Gruppe, die nur bei Tag zwei mitmachte – *nur* beim Thema *Konflikte* –, am schlechtesten.[2] Die Botschaft war klar: Sich nur auf die Konflikte zu konzentrieren war der falsche Ansatz.

Zuerst müssen wir an der Freundschaft arbeiten.

Das ist schwer, denn wenn Sie mitten in einem Konflikt stecken, haben Sie vielleicht ein mächtiges Bedürfnis, ihn erst mal zu »bereinigen«. Aber wenn wir uns als Erstes wieder in unsere Konflikte hineinziehen lassen, können wir die Lage noch verschlechtern. Warum? Weil bei steigender Spannung unser Körper physiologisch reagieren kann, sodass wir leicht überwältigt werden und in unsere alten, gewohnten Bewältigungsmuster zurückfallen. So hat zum Beispiel John selbst nach all den vielen Jahren in einer liebvollen und erfüllenden Beziehung noch immer dagegen anzukämpfen, sofort defensiv zu werden. Julies erster Instinkt bei einer hitzigen Debatte ist hingegen, aus dem Haus zu stürmen und in den nächstgelegenen Wald zu rennen.

Es ist extrem schwer, das Verhalten von Menschen in einem Konflikt zu ändern. Aber durch regelmäßige Zuwendung verändert man sein Verhalten in den kleinen Momenten, die alle Tage vorkommen. Und das ist viel leichter. Und es wird mit der Zeit auch bei Konflikten helfen. Wir haben inzwischen entdeckt: Je mehr Zuwendung es in einer Beziehung gibt, desto besser können die Paare mit Kontroversen umgehen. Selbst wenn ein Konflikt aus dem Ruder läuft, beruht die Fähigkeit eines Paars, eine Kurskorrektur vorzunehmen und seine Interaktion wieder in Ordnung zu bringen, darauf, wie viel Zuwendung es einander in der Vergangenheit gegeben hat. Mehr Zuwendung führt zu mehr gemeinsamem Humor, selbst bei Konflikten. Mehr Leichtigkeit. Einer größeren Fähigkeit, mitten im Streit innezuhalten und ein Friedensangebot zu machen, sowie einer höheren Wahrscheinlichkeit, dass dieser Versuch einer Beilegung auf offene Ohren und Entgegenkommen stößt. Paare mit einer gelungenen Beziehung streiten nicht *weniger* als andere Paare – sie streiten besser. Das Maß der Zuwendung sagt mehr über das dauerhafte Gelingen einer Beziehung aus als alles andere.

Zuwendung ist im Grunde so etwas wie eine Einzahlung auf das emotionale Konto eines Paars. Stellen Sie sich jeden einzelnen Akt der Zuwendung auf ein Kontaktangebot Ihres Partners oder Ihrer Partnerin hin – selbst eine so einfache und flüchtige Geste wie das Beantworten eines Lächelns mit einem Lächeln – als eine Münze vor, die Sie in Ihr Liebessparschwein werfen.

Als wir frisch verheiratet waren – und das ist jetzt 34 Jahre her! –, gab es etwas, das wir damals besser konnten als heute: Groll aufbauen.

Vielleicht wissen Sie, was wir meinen. Bei einem Gespräch geht es ein bisschen hitzig zu, der oder die andere verletzt Ihre Gefühle, Sie ziehen sich zurück und fangen an, einen Groll gegen ihn oder sie aufzubauen – Sie beten im Geiste eine ganze Litanei all der Dinge herunter, mit denen er oder sie Ihnen in letzter Zeit oder seit Adam und Eva unrecht getan hat. Wenn

John an die frühen Jahre unserer Ehe zurückdenkt, fällt ihm wieder ein, wie *aktiv* er an seinem Groll gewerkelt hat – genau wie wenn Sie einen Stuhl zimmern wollen, müssen Sie dafür die Rohmaterialien Ihres Lebens so zurechtsägen, dass sie passen, dann alles zusammennageln, in Form bringen und sich draufsetzen. Wenn wir beide einen Streit hatten oder uns kabbelten und seine Gefühle verletzt wurden, pflegte er zu verschwinden und seinen Groll zu nähren. Aber in einer Beziehung mit einer Menge Zuwendung kommt man an einen Punkt, an dem man sich zurückzieht, um seinen Groll zu füttern, und dann … geht es einfach nicht mehr. John saß da und versuchte nach Kräften, einen haltbaren, stabilen Groll zu entwickeln, und dann hörte er diese lästige Stimme in seinem Kopf: *Weißt du noch, wie es dir letzte Woche schlecht ging, und sie ist gekommen und hat nach dir geschaut und dir einen Tee gebracht? Erinnerst du dich noch, wie sie heute Morgen über deinen Witz gelacht hat? Erinnerst du dich, dass sie sich die Mühe machte, dir ein Mittagessen zu kochen, obwohl sie so viel zu tun hatte? Und dass sie dich später gefragt hat, wie dein Tag lief? All diese Momente waren sehr schön.* Da konnte er diesen Groll einfach nicht mehr hegen.

Wenn Sie all diese Augenblicke der Positivität und der Verbundenheit sammeln, machen sie die negativen wett. Es kann kein Groll mehr entstehen. Jeder einzelne Moment erhöht Ihr emotionales Bankguthaben. Kommt es dann zu einem Augenblick der Spannung oder des Konflikts, haben Sie eine Menge auf Ihrem »emotionalen Bankkonto«, auf das Sie zurückgreifen können. Selbst in einem heiklen Moment, der ein fruchtbarer Boden für Missverständnisse und verletzte Gefühle sein könnte, haben Sie all diese Positivität und Verbundenheit auf der hohen Kante, daher sind Sie eher in der Lage, Ihrem Partner oder

Ihrer Partnerin mit Empathie und sogar Humor zu begegnen. Und der Weg zu diesem stattlichen Guthaben an Positivem ist eben die Zuwendung.

Die Meister und Meisterinnen wissen: Ein Kuss auf die Wange im Vorbeigehen, wenn Sie sich im Flur begegnen, ist eine mächtige Medizin. Von einer dringenden Arbeits-E-Mail aufzublicken, um sich eine kleine Anekdote darüber anzuhören, was das Baby beim Mittagessen mit seinen Süßkartoffeln angestellt hat, ist auf lange Sicht wichtiger, als die Mail durchzuziehen. Sich am Beginn des Tages fünf Minuten Zeit zu nehmen, um beim Kaffee Kontakt aufzunehmen, hat wesentlich mehr Gewicht, als fünf Minuten früher mit der Arbeit anzufangen.

Und entsprechend sah unser Rezept für Alison und Jeremy aus. Ihre Tage waren angefüllt mit Aufgaben, die Schlag auf Schlag aufeinanderfolgten: Arbeit, Kinderbetreuung … dann noch mehr Arbeit und noch mehr Zeit für die Kinder. Sie waren gefangen im gnadenlosen Lebenstempo einer Pandemie, mit wenigen Atempausen und ohne längere Zeiträume, in denen sie sich aufeinander konzentrieren konnten. Und die Wahrheit ist, dass mit oder ohne Pandemie das Leben genau so werden kann. Prallvoll. Überwältigend. Ohne Pause. Aber wie wir auch Alison und Jeremy sagten: Sie brauchen nicht auf magische Weise mehr Zeit herbeizuzaubern, wenn Sie keine haben. Wie hektisch ein Tag auch sein mag, es gibt immer Gelegenheiten, sich einander zuzuwenden. Das kostet sehr wenig Zeit, und der Gewinn ist riesig … und wächst exponentiell. Je öfter Sie es tun, desto besser klappt es.

Wir baten die beiden, sich am Anfang des Tages ein paar Minuten Zeit füreinander zu nehmen. Schließlich legten sie das auf die kurze Zeitspanne, ehe die Kinder die Treppe herunterkamen und drei verschiedene Sorten von Frühstücksflocken wollten. Sie lehnten sich an den Tresen in der Küche, stützten sich mit den Ellbogen auf die Papierstapel der Homeschooling-Unterlagen und der Hausaufgaben, tranken ihren heißen Kaffee und fragten einander: Was beschäftigt dich heute besonders? Worauf freust du dich? Was macht dir Angst? Dadurch erfuhren sie immer etwas Wichtiges voneinander, hatten ein Fenster zu den Vorhaben und zum Innenleben ihres Partners oder ihrer Partnerin. Am Ende lachten sie immer.

»Also, worauf ich mich definitiv *nicht* freue, ist dieser Lehrer, der uns immer Tiergeräusche nachmachen lässt!« Jeremy seufzte, und Alison lachte los – sie hasste das ebenfalls.

Und dann baten wir sie, den ganzen Tag über auf Kontaktangebote zu achten und sich ihnen zuzuwenden, statt sie vorbeigehen zu lassen. Wenn Alison sich zu Jeremy hinüberneigte, um eine Beobachtung über ein Kind zu murmeln, während Jeremy mitten in einer E-Mail war, hatte er die Aufgabe, innezuhalten, die Hände von der Tastatur zu nehmen und Alison Aufmerksamkeit zu schenken. Die E-Mail würde zwei Minuten später trotzdem ans Ziel kommen. Der Mensch, der auf sie wartete, würde keinen Unterschied bemerken. Aber Alison sehr wohl.

Alison sagte bei einer unserer letzten Zoom-Sitzungen: »Es ist immer noch schwer. Es ist ganz schön hart, unsere beiden Jobs und das Homeschooling der Kinder unter einen Hut zu bringen, und noch dazu alles andere, was erledigt werden muss. Aber irgendwie fühlt es sich jetzt so an, als wären wir wieder im gleichen Team. Die Devise lautet nun: ›Wir beide gegen das Chaos.‹«

Es steht in Ihrer Macht

Sich zuwenden ist wirklich eine der wirksamsten Maßnahmen, die wir empfehlen können. Kommt sie Ihnen allzu einfach und leicht vor? Sie mag zwar einfach sein, aber es ist nicht immer leicht, eine neue Gewohnheit einzuführen. Falls die Zuwendung schon zu Ihrem Beziehungsrepertoire gehört, großartig. Bleiben Sie dabei! Dieses Kapitel und die gleich folgende Übung können Ihnen als wertvolle Erinnerung daran dienen, der gegenseitigen Zuwendung Priorität einzuräumen, sie sich nicht entgleiten zu lassen, und das kann den Mikromomenten der Positivität und Verbundenheit, die Sie bereits praktizieren, noch mehr Schwung verleihen.

Wenn Sie das Gefühl haben, die Zuwendung sei aus Ihrer Beziehungskultur verschwunden – machen Sie sich keine Sorgen. Das lässt sich ändern. Wie beim Wendemanöver eines großen Schiffs kann es ein Weilchen dauern, bis die Kurskorrektur, die Sie vorgenommen haben, sich bemerkbar macht. Aber wenn Sie nur ein bisschen am Steuerrad drehen und dann noch ein bisschen mehr, kann sich das wirklich lohnen, wenn Sie dabeibleiben. Machen Sie sich klar, dass dieses große Schiff anfangs kaum die Richtung zu ändern scheint, aber je weiter Sie auf dem neuen Kurs vorankommen, desto mehr weichen Sie vom alten Kurs ab – wie bei einem V, das sich immer weiter öffnet und Sie in eine ganz neue Gegend bringt.

Erinnern Sie sich an das Experiment, das wir weiter vorne in diesem Kapitel beschrieben haben, bei dem die drei Gruppen an unterschiedlichen Workshop-Tagen teilnahmen? Bei jeder Studie gibt es typischerweise eine Kontrollgruppe. Aber bei dieser Kontrollgruppe haben wir einen Fehler begangen.

Während Gruppe eins den Tag über Freundschaft mitmachte, Gruppe zwei den über Konflikte und Gruppe drei alle beide, nahm die Kontrollgruppe an gar keinem Workshop teil. Die Leute bekamen lediglich unser Buch *Die 7 Geheimnisse der glücklichen Ehe* sowie die Möglichkeit zu sieben Stunden telefonischer Beratung bei einem qualifizierten Therapeuten. Erstaunlicherweise hat sich *keines* der Paare der Kontrollgruppe je an eine therapeutische Fachkraft gewendet. Und – große Überraschung – die Paare schnitten bemerkenswert gut ab! Sie nahmen einfach aufgrund der Lektüre des Buches signifikante positive Veränderungen in ihrer Beziehung vor, und als wir sie ein Jahr später wieder kontaktierten, *hielten* die Veränderungen *noch an*. Die erfolgreichste Gruppe war zwar noch immer diejenige, die an den beiden Workshop-Tagen teilgenommen hatte, doch die Gruppe der Leser und Leserinnen folgte dicht darauf – sie schnitt besser ab als die beiden übrigen Gruppen, die an der Studie teilnahmen. Die Ehen in dieser Gruppe verbesserten sich und waren auch ein Jahr später noch auf dem veränderten Stand – allein deshalb, weil die Partner zusammen ein Buch gelesen hatten.

Wir glauben, dass Sie daraus die folgende Kernbotschaft mitnehmen können: Wenn Sie Ihre Beziehungskultur verbessern wollen, *können Sie das schaffen*, allein durch ein wenig gemeinsame Lektüre. Wissen ist Macht, und wenn Sie erst einmal begriffen haben, wie sehr Kontaktangebote und Ihre Reaktion darauf eine Beziehung im Lauf der Zeit verändern können, können Sie immer häufiger auch an einem hektischen Tag Entscheidungen treffen, die langfristig Ihre Beziehung voranbringen.

Die Übung für den heutigen Tag

DER ZEHN-MINUTEN-CHECK

Es ist hervorragend, die Übung am Anfang des Tages zu machen, aber Sie können sie zu jeder beliebigen Zeit einbauen, die für Sie praktisch ist. Die Regeln sind einfach – suchen Sie sich einen Moment aus, in dem Sie sich auf Ihren Partner oder Ihre Partnerin einstellen, in dem Sie zehn Minuten zuhören können und nirgendwohin eilen müssen. Das kann am Morgen beim Kaffee sein, ehe Sie mit der Arbeit anfangen, oder am Abend, nachdem Sie die Kinder ins Bett gebracht haben. Stellen Sie Ihrem Gegenüber die einfache Frage:

Gibt es etwas, das du heute von mir brauchst?

Inwiefern bedeutet das eine »Zuwendung«? Erstens bringt es Ihren Partner oder Ihre Partnerin dazu, einen Augenblick über seine oder ihre eigenen Bedürfnisse nachzudenken. Zweitens stellt es klar, dass Sie heute wirklich für ihn oder sie da sein wollen, wenn Sie können. Und drittens weckt es die Hoffnung, dass Sie versuchen werden, auf das ausgesprochene Bedürfnis auch zustimmend zu antworten.

Es ist nur ein einziger Satz. Aber er bewirkt eine Menge. Er ist eine Einladung. Er bedeutet: *Ich liebe dich und möchte für dich da sein.* Er trägt eine Menge dazu bei, Vertrauen aufzubauen. Vertrauen ist in einer Beziehung ein großes Thema. Es ist etwas Kompliziertes – aber seine

Grundlagen sind einfach. Das Prinzip hinter dem Vertrauen lautet: »Ich stehe hinter dir, und du stehst hinter mir.«

Wenn Ihr Partner oder Ihre Partnerin heute auf diese Frage antwortet, dann tun Sie alles in Ihrer Macht Stehende, um Ja sagen zu können und seinen oder ihren Wunsch zu erfüllen, sei es »Ich brauche mal Pause von den Kindern« oder auch »Ich würde so gerne mit dir zu Mittag essen«.

Extrapunkte: Sammeln Sie die Cents auf

Stellen Sie sich heute jeden potenziellen Augenblick des Kontakts – auch den allerflüchtigsten – als mögliche Einzahlung auf Ihr Konto vor. Und tun Sie genau das, was Sie tun würden, wenn Sie die Straße entlanggingen und überall Geldscheine und Münzen verstreut liegen sähen: *Halten Sie inne, und sammeln Sie sie auf.* Es dauert nur einen Moment, sich zu bücken und nach ihnen zu greifen. Und tun Sie das auch ganz bewusst – gehen Sie nicht achtlos vorüber! Auch Cents summieren sich.

Halten Sie die Augen offen nach kleinen Kontaktangeboten, die Sie annehmen können, indem Sie sich Ihrem Partner oder Ihrer Partnerin vielleicht sogar nur kurz zuwenden. Halten Sie Ausschau nach den folgenden Angeboten, die alle eine Einladung sind, Verbindung aufzunehmen:

- Blickkontakt
- Ein Lächeln

- Ein Seufzer
- Eine direkte Bitte um Hilfe oder Aufmerksamkeit
- Ein »Guten Morgen« oder »Gute Nacht«
- Die Bitte um einen Gefallen
- Wenn Ihnen etwas laut vorgelesen wird: »Hey, hör mal …«
- Wenn Sie auf etwas aufmerksam gemacht werden: »Schau mal!«
- Wenn Ihr Name von einem anderen Zimmer aus gerufen wird.
- Wenn er oder sie niedergeschlagen oder traurig wirkt.
- Wenn er oder sie etwas Schweres allein schleppt.
- Wenn er oder sie frustriert wirkt (z.B. wegen der Kinder).

Jede einzelne positive Reaktion auf Ihren Partner oder Ihre Partnerin ist eine Einzahlung auf Ihr emotionales Bankkonto. Und dieses Guthaben verschwindet nicht wieder – diese Einlage wird da sein, wenn Sie sie brauchen. Mit kleinen Gesten im Lauf eines jeden Tages können Sie sicherstellen, dass Ihre Einzahlungen höher sind als Ihre Entnahmen.

Klippen umschiffen

Was tun Sie, wenn Sie merken, dass Ihr Partner oder Ihre Partnerin ein Kontaktangebot macht, auf das Sie aber im Moment beim besten Willen nicht eingehen können?

Das wird natürlich gelegentlich vorkommen. Ihre emotionale Verfügbarkeit wird nicht exakt mit der Ihres

Gegenübers übereinstimmen. Und das ist auch in Ordnung. Hier erfahren Sie, wie Sie damit umgehen können.

- **Wenn Ihr Partner oder Ihre Partnerin ein Angebot macht, das Sie gerade nicht annehmen können:** Sagen Sie: »Ich würde diese Geschichte sehr gerne hören, aber ich muss … (eine E-Mail schreiben, die Kinder ins Bett bringen usw.); kannst du sie dir merken und sie mir später erzählen?« Damit zeigen Sie deutlich, dass Sie sich gerne zuwenden würden, aber gerade von den Umständen daran gehindert werden. Selbst wenn Sie nur müde sind und sich deshalb nicht auf ein Angebot einlassen wollen, ignorieren Sie es nicht einfach. Wenn Sie kurz erklären, warum Sie gerade nicht verfügbar sind, kann das sehr helfen.
- **Wenn Sie ein Angebot machen und der oder die andere reagiert nicht:** Wenn Ihrem Gegenüber ein paar Angebote durchrutschen, dann machen Sie einfach weiter welche! Aber wenn es ein Muster ist, dann sagen Sie: »Ich möchte dich nicht kritisieren, aber ich habe versucht, mit dir in Kontakt zu kommen … was ist gerade los mit dir, dass du nicht reagierst?« Es kann sein, dass der oder die andere beschäftigt, gestresst oder von etwas überwältigt ist.
- **Wenn ein Angebot negativ gefärbt ist:** Manchmal wird ein Angebot Ihres Partners oder Ihrer Partnerin negativ klingen oder sich anhören, als würde er oder sie Streit suchen. (Beispiel: »Du kommst wohl nicht zufällig auf die Idee, heute zur Abwechslung mal das

Abendessen zu machen, oder?«) Ignorieren Sie einfach die Negativität, und gehen Sie auf das tiefer liegende Angebot ein. (Sie könnten etwa antworten: »Ich merke, dass du müde und frustriert bist. Ich mache gerne das Abendessen, damit du eine Pause hast.«) Wow – das ist ein dickes Plus auf dem emotionalen Konto.

TAG 2

STELLEN SIE EINE GROSSE FRAGE

Denken Sie daran zurück, wie Sie Ihren Partner oder Ihre Partnerin kennengelernt haben. Erinnern Sie sich noch, wie es war, mit ihm oder ihr dieses Prickeln zu spüren? Den ganzen Tag auf den anderen zu warten, das Gefühl zu haben, dass Ihnen tausend Fragen auf der Zunge liegen, die Sie stellen wollen? Alles von »Wie heißt dein Lieblingsfilm?« bis hin zu »Wenn du an jedem beliebigen Ort der Welt leben könntest, wo würdest du dann hingehen?« kam Ihnen mühelos über die Lippen, als Sie einander mit einem beschwingten Tanz umkreisten, der Ihnen verraten sollte, ob das vielleicht der Mensch war, mit dem Sie sich ein ganzes gemeinsames Leben vorstellen konnten.

John und Julie waren unabhängig voneinander im Abstand von zwei Monaten nach Seattle gezogen. John hatte sich neu an der Westküste angesiedelt, nachdem er zwei Jahrzehnte lang im Mittleren Westen unterrichtet hatte. Julie war im pazifischen Nordwesten geboren und kehrte zu ihren Wurzeln zurück, nachdem sie 20 Jahre lang an den unterschiedlichsten Orten gelebt hatte. Ihre Wege kreuzten sich in einem Coffeeshop, den sie beide gerne besuchten. Julie nahm John wahr, weil er unter den übrigen Gästen durch sein smartes und professorales Aussehen auffiel. John wiederum bemerkte Julies Selbstsicherheit und souveräne Haltung. Er stellte seine leere Tasse ab, ging zu ihr hin, stellte sich vor und versuchte, sie in ein Gespräch zu verwickeln. Sie begannen zu reden. Und dann redeten sie noch ein bisschen mehr. Und mehr und mehr …

Der Anfang einer Beziehung ist aufregend – es gibt so viel zu entdecken! Die Gespräche, die man führt, sind voll großer, aufregender, explorativer Fragen. Alles ist mühelos. Wir fragten einander alles: *Woher sind Sie, und was hat Sie hierhergeführt? Was machen Sie, und warum haben Sie sich dafür entschieden? Was tun Sie gerne, wenn Sie nicht arbeiten? Welche Art von Musik … Filmen … Büchern mögen Sie?* Wir fühlten uns zueinander hingezogen, und uns war deutlich bewusst, wie viel wir nicht voneinander wussten, und wir wollten nichts lieber, als es herauszufinden.

Wenn sich eine Beziehung entwickelt, kann es sich anfühlen, als würde man einen wunderbaren neuen Film anschauen. Man sieht, wie sich die Geschichte entfaltet, und fragt sich gleichzeitig hoffnungsvoll und nervös, was wohl alles geschehen kann, während man immer mehr über diese spannende neue Hauptfigur in seinem Leben erfährt. Man fragt den anderen nach seiner Kindheit, nach seinen Hoffnungen und Träumen, nach seiner Zukunftsvision. Man entdeckt, welche Freundschaften für den anderen wichtig sind und was er besonders gerne isst, man erfährt, wie er reagiert, wenn er sich aufregt oder ärgert. Wenn wir in dieser berauschenden, entscheidenden Phase sind, in der wir einen Liebespartner neu kennenlernen, reden wir tendenziell eine Menge. Wir erzählen unsere Geschichte und fragen unseren Partner, unsere Partnerin nach seiner oder ihrer. Wir offenbaren unsere Zukunftsträume und fragen nach denen des anderen. Aber im Lauf der Zeit, wenn wir immer mehr zu tun haben und der Reiz des Neuen nachlässt, fragen wir nicht mehr nach den großen Dingen. Anfangs fragen wir vielleicht: »Hättest du gerne Kinder? Wenn du an jedem beliebigen Ort leben könntest, wo würdest du dann leben?« Doch mit der Zeit tauchen vorwiegend andere Arten von Fragen in unseren Gesprächen auf: »Hast du den Müll rausgebracht? Ist es an der Zeit, Arzttermine für die Kinder zu vereinbaren?« Solche Fragen treten an die Stelle vertraulicher Gespräche. Ein Stück weit ist das einfach praktisch – wir müssen darüber reden, wer welche Aufgaben übernimmt, was auf die Einkaufsliste muss, wie wir gemeinsam unsere Finanzen regeln können usw. Aber so hektisch das Leben auch sein mag, wir können nicht zulassen, dass wir einander nur noch Fragen nach endlosen Checklisten stellen.

Im Gegensatz zu Filmen verändern sich Menschen im Lauf der Zeit. Der Film, den Sie beim ersten Mal mit so viel Neugier und freudiger Erwartung angeschaut haben, wird beim nächsten Mal, wenn Sie ihn noch einmal sehen, genau gleich ablaufen. Aber Menschen sind nicht so. Die gleichen Fragen werden zu unterschiedlichen Antworten führen, wenn sie zu unterschiedlichen Zeiten im Leben gestellt werden. Wünsche wandeln sich. Lebensziele verändern sich. Löffellisten entwickeln sich weiter. Wenn wir aufhören, die großen Fragen zu stellen, weil wir erwarten, dass die Antworten unseres Partners mit denen identisch sein werden, die wir bei der letzten Nachfrage gehört haben, wartet vielleicht eine große Überraschung auf uns.

Zu viel Platz

David und Gwen waren seit 20 Jahren verheiratet, als sie zum ersten Mal zu uns kamen. In vielerlei Hinsicht hatten sie alles. David arbeitete erfolgreich in einem anspruchsvollen Beruf, der ihn erfüllte; sie hatten drei bestens geratene Kinder und eine riesige, prächtige Villa; Gwen blieb bei den Kindern zu Hause und ging in ihrer Mutterrolle auf. Sie genossen finanzielle Sicherheit – David hatte lange Arbeitstage und ein hohes Einkommen, Gwen hatte ein stattliches Vermögen geerbt. Wo war also das Problem? Warum saßen sie bei uns in der Praxis, an den beiden entgegengesetzten Enden der Couch?

Als Erstes brachten sie zur Sprache, dass seit der Geburt der Kinder die Romantik aus ihrem Leben verschwunden war. Sie hatten nie mehr Sex, und der physische Abstand und der Mangel an sexueller Intimität belasteten beide. Aber wir kamen schnell dahinter, dass Sexualität nicht das zentrale Thema war – sie war nur ein Symptom für tiefer liegende Schwierigkeiten. Sie hatten im Grunde jahrelang nicht mehr richtig miteinander geredet. Vor 15 Jahren, als ihr erstes Kind geboren wurde, hatten sie ihre Aufmerksamkeit voneinander abgezogen und auf die Logistik des Lebens und die unmittelbaren Aufgaben des Elterndaseins verlagert. Der Haken war, dass sie nie mehr zueinander zurückgefunden hatten. Sie fragten einander: »Ist das der richtige Kindergarten?« »Hast du den Installateur angerufen?« »Wer holt am Freitag die Kinder ab?« Doch sie fragten nie: »Ist das noch das Leben, das du dir gewünscht hast?«

Sie wohnten zwar im selben Haus, aber es gab zu viel Abstand zwischen ihnen. Ihr fantastisch gestaltetes Heim war so groß, dass sie sich frei in ihren zahlreichen Räumen bewegen konnten, ohne sich dabei mehr als gelegentlich über den Weg zu laufen. Als Paar kann man auch zwei parallele Leben führen statt ein gemeinsames, das man teilt. Und genau das taten sie.

David und Gwen kamen zu uns, weil sie nicht mehr so weiterleben wollten, aber sie wussten auch nicht, wie sie eine Änderung herbeiführen konnten. Jedes Mal, wenn sie in Verbindung zu kommen versuchten, kam es ihnen so vor, als hätten sie sich schon viel zu weit voneinander entfernt. Alles wurde zu einem Streit oder zu einer verfehlten Begegnung, sie kamen einfach nicht zusammen. Wir ließen sie daher wieder eine andere Art von Fragen stellen. Der erste Schritt zu einer Wiederherstellung ihrer Ehe war nicht »Wie geht es dir?«, sondern »Wer bist du?«.

Ein Schaf namens Kevin

Als die COVID-19-Pandemie ausbrach, wohnten Brianna und Tyler mit ihrem kleinen Sohn beengt in einer kleinen Zweizimmerwohnung. Sie hatten vorgehabt, in eine größere Wohnung am anderen Ende der Stadt zu ziehen, aber jetzt kamen alle Pläne erst einmal ins Stocken. Die Kindertagesstätte machte dicht, und beide Eltern arbeiteten im Homeoffice. Sie versuchten, ihren Ganztagsjob durchzuhalten, und wechselten sich bei der Betreuung ihres Babys ab. Es war alles sehr viel. Und dennoch blieb ihre Beziehung intakt. Sie fauchten einander nicht an (obwohl sie darüber witzelten, dass sie wie »Tiere im Käfig« lebten). Es gab jede Menge stressende Faktoren, und sie hatten auch Streitthemen zu bewältigen – wie alle Paare. Auch Brianna und Tyler hatten eine ganz spezielle Reihe von

»unlösbaren« Problemen. Aber bei alldem hatten sie – selbst in Konflikten – noch anhaltend das Gefühl, auf der gleichen Seite zu stehen.

Was ist ihr Geheimnis? Brianna und Tyler listen Dinge auf, die sie aneinander schätzen: Tyler schultert einen beträchtlichen Teil der Betreuung des Babys und kümmert sich um die Wäscheberge, die sich immer neu auftürmen. Brianna hat die Organisation bestens im Griff und ist eine erfinderische Köchin.

Aber uns fällt vor allem auf: Sie interessieren sich einfach sehr füreinander.

Brianna erzählt uns von ihrer Erinnerung an eine der wenigen Gelegenheiten, bei der sie während der Pandemie zu zweit unterwegs sein konnten. Nach einer Quarantäne von zwei Wochen fuhren sie über das Wochenende zu Tylers Mutter nach Hause. Sie passte auf das Baby auf, und die beiden machten einen Spaziergang. Es schneite, sie stapften durch Tylers heimische Gefilde im ländlichen Maine. Brianna war schon oft dort gewesen, aber diesmal zeigte Tyler auf eine bestimmte Wiese und begann, eine Geschichte zu erzählen. Dabei sagte er beiläufig: »Das war früher die Weide von meinem Schaf Kevin.«

»Moment mal«, antwortete sie. »Seit *wie vielen* Jahren sind wir jetzt schon zusammen? Und ich erfahre erst jetzt … dass du mal ein Schaf hattest? Das *Kevin* hieß?«

Sie gingen weiter und redeten noch stundenlang in der Kälte, bis ihre Finger ganz taub waren und sie umkehren mussten. Das Schaf namens Kevin führte sie auf verschlungenen Pfaden in die Vergangenheit zurück – sie kamen darauf zu sprechen, welche Art von Leben sie sich als Teenager vorgestellt hatten, und stellten fest, dass ihr Leben in mancher Hinsicht jetzt genau so geworden war, wie sie sich das gedacht hatten, aber andererseits auch ganz, ganz anders.

»Vielleicht ist das dumm von mir, aber ich werde dieses Schaf namens Kevin nie mehr vergessen«, sagte Brianna. »Denn in diesem Moment habe ich gemerkt, dass Tyler mich immer wieder überraschen wird.«

Und das ist der Knackpunkt: Jeder Mensch kann Sie überraschen, wenn Sie ihm die Gelegenheit dazu geben. Brianna und Tyler hatten sogar einen Lockdown aufgrund einer Pandemie heil überstanden, weil sie nie aufgehört hatten, neugierig aufeinander zu sein.

Freut mich, dich kennenzulernen … (Noch einmal!)

Die Menschen ändern sich im Lauf der Jahre, ganz besonders, wenn einer von ihnen – wie bei David und Gwen – hauptsächlich außer Haus arbeitet und der andere die Kinder erzieht. David und Gwen machten allein dadurch große Fortschritte, dass sie die Art der Fragen veränderten, die sie einander stellten. Anfangs sollten sie das nur zehn Minuten am Tag machen – mehr schafften sie nicht! Aber es reichte, um sie dazu zu bringen, sich allmählich wieder kennenzulernen. Sie kehrten zu den Anfängen zurück. Sie begegneten einander noch einmal ganz neu.

Jede Beziehung ist ein Prozess des gegenseitigen Kennenlernens, über die Jahre hin immer wieder neu. Sie werden sich im Lauf Ihres Lebens immens verändern, und Ihr Partner oder Ihre Partnerin auch. Die Zellen Ihres Körpers werden absterben und sich erneuern. Die Struktur Ihres Gehirns wird sich radikal ändern. Auf Ihrem Weg durch das Leben werden neue Erfahrungen Sie dazu veranlassen, neu zu justieren, was Sie wollen, was Sie glauben und wie Sie sich selbst sehen. Wenn Sie nun zwei Menschen nehmen, die gemeinsam durch dieses chaotische, komplizierte Leben gehen, dann tun sich zahlreiche Möglichkeiten auf, große Veränderungen bei sich selbst und beim anderen zu verpassen.

Menschen sind soziale Wesen – wir können nicht ohne Verbindung zu anderen Menschen überleben. Und der erste Schritt zur Verbindung mit jemandem ist, dass man weiß, wer er ist, und dass der andere weiß, wer man selbst ist. Und der naheliegendste Weg, um herauszufinden, wer jemand ist – insbesondere, was in seiner privaten Innenwelt geschieht –, besteht darin, Fragen zu stellen. Das tun wir ganz natürlich und mühelos in der Datingphase. Danach stürzen wir uns in die Arbeit, strengen uns an, alles als *Team* auf die Reihe zu bekommen. Ein Team zu sein ist prima. Aber wir müssen auch daran denken, dass wir noch immer zwei Individuen sind, die im Lauf der Zeit wachsen und sich verändern und sich weiterentwickeln.

Bei unserer Arbeit mit Paaren sprechen wir über das Anlegen von Liebeslandkarten. Damit meinen wir eine detaillierte Kenntnis der Innenwelt Ihres Partners oder Ihrer Partnerin. Seiner oder ihrer Hoffnungen und Träume, Überzeugungen, Ängste und Wünsche. Man muss nicht nur Fragen stellen, um eine Liebeslandkarte erstellen zu können, sondern auch, um sie zu *aktualisieren*. Und das bedeutet, dass man *offene Fragen* stellt. Das meinen wir mit »großen« Fragen: Hier ist keine Ja-Nein-Antwort möglich, es gibt kein schnelles Dropdown-Menü mit fertigen Antworten. Eine offene Frage hat keine vorher feststehende Antwort. (Wir alle wissen, die einzige korrekte Antwort auf die Frage »Hast du die Stromrechnung bezahlt?« lautet »Ja, Schatz«.) Eine offene Frage eröffnet zahlreiche Möglichkeiten. Es gibt nicht nur einen Weg, der weiterführt, sondern viele – Sie wissen nicht, in welche Richtung sich das Gespräch gleich entwickeln wird oder wo Sie am Ende landen. Und so aktualisiert man eine Liebeslandkarte und legt eine neue an – man stößt einerseits in neues, unbekanntes Gebiet vor und schlägt andererseits den Bogen zurück zu bereits kartiertem Gelände, um zu sehen, ob und wie es sich verändert hat. Wir können diese Art von explorativen Fragen auch nicht für Date-Abende aufsparen. Sie müssen eine tägliche Gewohnheit sein, nichts für besondere Gelegenheiten.

In unserem Fall war unsere Beziehung stets ein höchst fruchtbarer Boden für neue Theorien über Beziehungen – darüber, was Menschen zusammenbringen kann und welche Kräfte sie auseinandertreiben. Manchmal denken wir uns etwas aus, das uns beiden helfen soll, eine kritische Situation gut zu bewältigen, und dann überlegen wir uns: »Gilt das auch für andere? Würde das einer Langzeitstudie standhalten?« Wenn wir uns stritten oder in die Klemme kamen, führte uns das regelmäßig zurück ins Labor, wo wir experimentell bestätigen (oder widerlegen) konnten, was uns an unserer eigenen Beziehung aufgefallen war. Andererseits haben wir aus unseren Studien im Labor auch Informationen gewonnen, die wir dann an uns selbst ausprobierten. Unsere Arbeit mit Klienten, unsere eigene Beziehung und das Labor – jedes Element unseres Lebens hat sich immer bereichernd auf die anderen ausgewirkt, wie in einem großen Kreis. Inzwischen ist daraus eine Spirale geworden, die sich immer weiter in die Höhe schraubt, je mehr wir darüber lernen, wie eine Langzeitliebe im Innersten funktioniert, wo die Schaltstellen sind, was sie rundlaufen lässt und was sie blockiert.

Eine der wirksamsten Interventionen, die wir für das Gottman Institute entwickelt haben, entstand aus einem Streit zwischen uns. Es war … ein wirklich *heftiger* Streit.

Weiße Flecken auf der Liebeslandkarte

Wir waren damals seit rund vier Jahren verheiratet. Wir wohnten in Seattle, leiteten das Love Lab, empfingen Klienten. Wir genossen unser ausgefülltes Großstadtleben – hatten unsere Lieblingscafés und -restaurants, gingen mit unserer Tochter in Parks und Museen. Aber wir wollten auch gerne mal aus der Stadt herauskommen. Wir begannen, uns ab und zu eine Unterkunft ein paar Stunden weiter nördlich zu mieten, auf einer der rauen, dünn besiedelten San Juan Islands, mit einer ruhigen kleinen Stadt, dichten grünen Wäldern und unzähligen Wanderwegen. Wir fuhren ein paar Wochenenden hin, und es gefiel uns dort so gut, dass wir eines Sommers für einen ganzen Monat ein Häuschen am Strand mieteten. Wir machten lange Wanderungen im Wald und Kanufahrten auf dem Meer.

Wir konnten beide in der Natur auftanken, aber Julie noch viel mehr als John. Wenn wir in unserem gemieteten Häuschen ankamen, konnte sie kaum erwarten, ihre Wanderstiefel zu schnüren und in die duftenden Zedernwälder hinauszukommen oder ins Kanu zu springen und das Paddel in das kühle, silbrige Wasser zu tauchen. Auch John fand das alles wunderbar, aber er war ebenso glücklich, wenn er am Kamin auf dem

Sofa saß, gemütlich warm, mit einer Tasse Kaffee und einem Buch über Differenzialgleichungen in der Hand.

Eines Tages sagte Julie bei der Rückkehr in die Stadt nach einem Wochenende im Wald: »Ich möchte auf dieser Insel ein Holzhäuschen kaufen.«

John fiel aus allen Wolken. »Auf keinen Fall«, sagte er. »Kommt nicht infrage.«

Ein Streit flammte auf wie ein Streichholz. »Und warum nicht?«, fragte Julie. – »Das können wir uns nicht leisten.« Sie zählte sämtliche Gründe auf, die für diesen Kauf sprachen. John schmetterte jeden einzelnen ab – es war nicht praktisch. Wir konnten uns das im Grunde nicht leisten. Wir drehten uns im Kreis. Wir fingen an, uns ständig darüber zu streiten. John fragte herum, ob ihm jemand einen guten Therapeuten empfehlen könne. Schließlich fand er eine Therapeutin, von der er dachte, sie könnte passen – und nach einem ersten Gespräch hatte er das Gefühl, sie sei auf seiner Seite. (Nebenbei bemerkt: Das ist kein guter Grund für die Wahl eines Therapeuten oder einer Therapeutin!) Wir begannen, die Dinge mit ihr durchzusprechen, aber wir kamen nicht recht vom Fleck – Julie konnte nicht begreifen, warum John etwas, das für sie so wichtig war, nicht einmal in Erwägung ziehen wollte. John konnte nicht verstehen, warum Julie in diesem Punkt so fordernd und dickköpfig war. Wir *brauchten* kein Häuschen im Grünen – unser Leben lief ganz wunderbar, wie es war.

Eines Tages sagte die Therapeutin: »Schauen Sie, John: Sie brauchen Julies Forderungen nicht nachzugeben. Sagen Sie ihr einfach, wie es gemacht wird, und sie wird sich damit abfinden.«

John war entsetzt. Die Idee, bei jemandem Beistand zu finden, hatte ihm gefallen, aber nicht, wenn das die Lösung war – diese Art von rigider, dogmatischer Mentalität à la »Friss, Vogel, oder stirb«. »Julie«, sagte er, als sie die Praxis verließen, »klinge ich so?«

Jawohl, meinte sie, so klinge er.

John wollte noch immer kein Holzhäuschen kaufen, aber er wollte auch kein Mensch sein, der immer nur Kontra gab. Und er wollte nicht diese Art von Ehe.

Zu Hause – und nicht in der Praxis – fingen wir endlich an, ernsthaft über die Sache zu reden. Wir stellten einander Fragen. »Warum möchtest du dieses Haus unbedingt haben?« – »Warum bist du so total dagegen, dieses Haus zu kaufen?«

Julie erzählte John, wie sie in Portland in Oregon aufgewachsen war – einer Großstadt mit hoher Bevölkerungsdichte, die aber zufällig auch den größten Stadtpark mit naturbelassenem Wald im Land hatte. Das Haus, in dem sie mit ihren Eltern lebte, war nur wenige Blocks davon entfernt, und sie war in diesem Forest Park aufgewachsen. Dorthin war sie gegangen, um ihren Tagträumen nachzuhängen, um zu laufen, um wegzukommen, wenn zu Hause dicke Luft herrschte – was oft der Fall war. Wenn sie es zu Hause nicht mehr aushielt, schlich sie sich nachts zur Hintertür hinaus und schlief im Wald. Sie verliebte sich in Bäume. Sie fühlte sich im Wald wohler als in der Gesellschaft von Menschen. Für sie war der köstliche Geruch von feuchter Erde und zerriebenen Nadeln immergrüner Bäume der Geruch von Geborgenheit und Sicherheit.

Seit sie nach Seattle gezogen war, hatte sie immer nach einem Fleckchen Wildnis gesucht, an dem sie sich wieder so fühlen konnte, und dann hatte sie es gefunden – auf jener Insel.

John war in Brooklyn aufgewachsen. Für ihn war die Natur

etwas für einen *kurzen Ausflug*: Man geht zu einem Picknick, breitet eine Decke auf dem Boden aus und »schüttelt die Natur wieder ab, wenn man nach Hause kommt«. Aber im Lauf des Gesprächs erkannte er, dass sein Widerstand wesentlich tiefer reichte. Er hing mit seinen Eltern zusammen. Sie hatten in Wien gelebt, wo sein Vater Rabbiner gewesen war und Medizin studiert hatte. Aber sie mussten fliehen, um dem Holocaust zu entkommen. Sie hatten alles verloren, was sie besaßen – ihre Wohnung, ihre Möbel, ihre Kleidung, alle Fotos und Familienerbstücke. Um sich zu retten, waren sie zu Fuß durch die Alpen in die Schweiz marschiert, mit nur etwas Würfelzucker und einer Zitrone in der Tasche. Als sie später in die Dominikanische Republik auswanderten, wo John geboren wurde, kamen sie dort mit leeren Händen an.

Sein Vater pflegte zu sagen: »Glaube nie, dass dein Wohnsitz von Dauer ist. Nichts ist von Dauer.«

Es gehörte zu Johns festen Überzeugungen, dass man nicht in Besitz oder Wohneigentum investiert. Man investierte in Bildung – denn die kann man immer mitnehmen, niemand kann sie einem jemals rauben.

Nach diesem Gespräch hatte sich nichts an unseren Finanzen geändert, nichts an unseren Vorlieben und Abneigungen, nichts an unserem Persönlichkeitskern. Aber dass wir einander besser verstanden, zeigte uns einen Ausweg. Am Ende bekamen wir beide, was wir wollten, indem wir uns auf einen Kompromiss einigten: John würde den Kauf eines kleinen Holzhäuschens auf der Insel mittragen, wenn Julie bereit war, eine koschere Küche im Haus zu haben (was John wichtig war). Und wenn seine Gefühle nach zwei Jahren immer noch gleich waren, würden sie es wieder verkaufen.

Spoilerwarnung: Wir haben das Häuschen nicht wieder verkauft. Dieser Streit zwischen uns hat uns auf einen neuen Weg geführt – wir leben jetzt den Großteil des Jahres auf der Insel. Aber er hat uns *auch* zu einer wichtigen Idee geführt, die ein gewaltiger Durchbruch bei unserer Arbeit mit Paaren war. Wir nennen sie die Übung der »Träume in Konflikten«. Die Idee besteht darin, dass es bei den meisten unserer Streitigkeiten gar nicht um das geht, worüber wir uns zu streiten *scheinen*, sondern um etwas Tieferes, das unter unseren Positionen im jeweiligen Konflikt verborgen ist. Wenn Paare ein festgefahrenes Problem haben, bei dem es unmöglich ist, Fortschritte zu erzielen oder überhaupt nur darüber zu reden, dann lauert unter der Oberfläche oft ein nicht erkannter oder nicht einmal *zugegebener* Lebenstraum. In unserem Fall war es so, dass wir so viel Zeit mit dem Streit darüber verbrachten, ob wir uns das Häuschen leisten konnten oder nicht, dass es Jahre gedauert hatte, bis wir zu der eigentlichen Frage vorgestoßen waren, die wir beide einzeln beantworten mussten: »Welchen Traum verbindest du mit dieser Sache und welchen Albtraum?«

Als wir diese Idee ins Love Lab und in unsere Workshops mit Paaren einbrachten, stellten wir fest, dass dieser Umgang mit Konflikten (das Nachdenken und Reden über die Träume beider Partner) in 87 Prozent aller Fälle zu großen Durchbrüchen führte – selbst bei sehr verzweifelten Paaren.[1] Einige Paare, die zu dem Workshop kamen, waren bereits geschieden und wollten es noch einmal versuchen. Und sogar hier klappte es bei vielen.

Was hat uns das gesagt? Dass es bei den meisten Konflikten letztlich nicht um die Persönlichkeit geht oder darum, wer mit dem Abwaschen an der Reihe ist, oder darum, wie viel Geld wir auf der Bank haben (oder nicht). Es geht um Träume, Werte, Sinn, Geschichte, sogar *generationsübergreifende* Geschichte. Und das ist der Grund, warum Liebeslandkarten wichtig sind. Warum *Fragen* wichtig sind.

Je detaillierter Sie die innere Landschaft des jeweils anderen kartieren, desto umfassender werden Sie nicht nur die Ideen Ihres Partners oder Ihrer Partnerin in Bezug auf die Zukunft verstehen, sondern auch die Vergangenheit und ihre prägenden Kräfte. In unserem Fall gab es einige größere weiße Flecken auf der Liebeslandkarte des jeweils anderen. Je mehr Sie diese füllen, desto besser werden Sie – ganz buchstäblich – verstehen, woher Ihr Partner oder Ihre Partnerin kommt. Wir benutzen diesen Ausdruck ständig, aber es ist faszinierend, wie genau er vermitteln kann, dass wir jemanden kennen und er uns. Sie hatten beide schon ein ganzes Leben hinter sich, ehe Sie sich kennengelernt haben. Sie kommen aus Ihrem eigenen, einzigartigen »Land« – voller Geschichte und Schmerz und Freude, unzähligen Einzelheiten und Nuancen –, und Ihr Partner oder Ihre Partnerin kommt aus einem anderen. Wenn Sie sich darum bemühen, eine Karte von dem »Ort« zu erstellen, von dem Ihr Partner kommt, muss Ihnen klar sein, dass diese »Kartierung« niemals abgeschlossen sein wird – zu lernen, wer Ihr Partner ist und wie er sich im Lauf der Zeit verändert, ist ein lebenslanges Projekt. Und wir versprechen Ihnen eines: Wenn Sie sich Ihrem Partner oder Ihrer Partnerin mit Neugier nähern, wird nie ein Mangel an Neuem herrschen, das Sie noch entdecken können. Selbst nach einem langen gemeinsamen Leben wird es immer noch neue Steine geben, die Sie umdrehen können.

Erstellen Sie eine Karte, werden Sie Topograf

William und Marianne leben seit Jahren auf Orcas Island im Staat Washington. Wie viele Menschen auf dieser Insel zogen sie dorthin, um ein alternatives Leben zu führen – sie wollten einfach und nachhaltig leben, nur das anschaffen, was sie wirklich brauchten, und mit dem zufrieden sein, was sie hatten. Sie besitzen nicht viel, aber das scheint ihnen nichts auszumachen – sie bauen einen Großteil ihrer Nahrungsmittel selbst im eigenen Garten an, und Marianne ist stolz darauf, dass sie kaputte Gebrauchsgegenstände und Möbel reparieren kann. Das Haus, in dem sie leben, haben sie selbst gebaut. Ihre tägliche Routine läuft in vertrauten Bahnen, die schon tief eingegraben sind; sie verstehen sich gut, machen sich aber ab und zu Sorgen, dass es ihnen langweilig werden könnte.

Wenn wir die entspannte Leichtigkeit einer reifen Liebe erreicht haben, vermissen wir vielleicht das Prickeln und die Aufregung einer neuen Liebe. Wir können leicht auf den Gedanken kommen, dass es an unserem Partner oder unserer Partnerin nichts Neues mehr zu erkunden gibt. Aber die innere Landschaft eines jeden von uns wandelt und verändert sich ständig. Außerdem gibt es eine Menge Dinge, die wir vielleicht noch nicht entdeckt haben, selbst wenn wir Jahrzehnte mit einem Menschen verbracht haben. Was geschieht, wenn wir dann wieder anfangen, große Fragen zu stellen? *Es gibt Überraschungen*.

William und Marianne hatten jahrelang ihren kaputten Backofen links liegen lassen. Er gehörte zu den Dingen, die Marianne in Ordnung bringen wollte, zu denen sie aber einfach noch nicht gekommen war. Außerdem reichte es ihnen völlig, den Herd nur zum Kochen zu benutzen. So lebten sie mit dem kaputten Backofen … *15 Jahre lang*.

Dann kam die COVID-19-Pandemie, und wie alle anderen saßen auch William und Marianne zu Hause fest und suchten nach Möglichkeiten, ihre Zeit sinnvoll zu füllen. Eines Tages fragte Marianne William, was er gerne machte.

»Was ich wirklich gerne machen würde, ist backen«, sagte er, »aber wir haben keine Möglichkeit dazu. Könnten wir nicht den Backofen reparieren lassen? Ich würde wirklich gerne backen!«

Marianne war baff – William hatte in all diesen Jahren nie das leiseste Interesse daran gezeigt zu backen. »Na ja«, sagte sie. »Okay, wenn du das wirklich möchtest.«

Obwohl sie am liebsten alles selbst reparierte, überwand sie ihren Stolz und ließ jemanden kommen, der sich den Backofen ansah. Dabei stellte sich heraus, dass er sehr leicht in Ordnung zu bringen war. Und siehe da: William war ein *fabelhafter* Bäcker. Er begann sofort, ein Brot nach dem anderen zu backen, aus Roggen und Sauerteig, dazu alle möglichen Arten von Kuchen, Plätzchen und Muffins. Es war eine Wonne. Inzwischen arbeiten beide gemeinsam an Backprojekten, und William erzählt davon, wie er das Brotbacken gelernt hat und warum er es liebt – es kamen alle möglichen Kindheitserinnerungen zum Vorschein, von denen Marianne noch nie etwas gehört hatte. Er sprach davon, dass er schon immer die Fantasie gehabt hatte, eines Tages eine Bäckerei aufzumachen.

Es ist eine wunderbare Beschäftigung für die beiden – sie verbringen Zeit miteinander, haben Spaß und reden wieder über die Zukunft –, und in all ihren vielen gemeinsamen Jahren hatte sie keine Ahnung davon.

Und hier ist Ihr Ziel für heute und die restliche Woche: Werden Sie ein Topograf oder eine Topografin. Legen Sie eine Liebeslandkarte an. Stellen Sie sich das als Ihren Job vor. Sie gehen in diese Landschaft hinein, von der Sie denken, Sie kennen sie, und schauen sich aufmerksam um. Was hat sich verändert? Wo sind die weißen Flecken in Ihrem Wissen um die Innenwelt Ihres Partners oder Ihrer Partnerin?

Nach 34 Jahren Ehe macht John das noch immer jeden Tag mit Julie. Er überlegt ständig: »Was beschäftigt sie gerade? Was steht heute für sie an? Was macht ihr Sorgen? Worauf freut sie sich? Was gibt es Neues in unserem Leben (neue Freunde, eine neue Routine, die Möglichkeit, Großeltern zu werden), nach dem ich mich erkundigen könnte, um zu sehen, wie sie über diese Dinge denkt? Was weiß ich gerade jetzt von ihr, und was weiß ich nicht?«

Anders gesagt: »Was verpasse ich?«

Wenn Sie auf Erkundungsfahrt gehen, finden Sie oft nicht nur die Information, nach der Sie Ausschau gehalten haben, sondern auch etwas Unerwartetes. Dann wird die Liebeskarte zu einer Schatzkarte.

Die Übung für den heutigen Tag

STELLEN SIE EINE »GROSSE« FRAGE

Die Hausaufgabe für heute lautet: Stellen Sie Ihrem Partner oder Ihrer Partnerin eine große Frage, und schauen Sie, wohin Sie das führt. Eine *große* Frage ist eine *offene* Frage, eine Sackgasse in Form einer Ja-Nein-Antwort steht nicht zur Wahl. Es gibt nicht die *eine*, richtige Antwort – es gibt viele –, und Ihre Aufgabe als Topograf oder Topografin ist, Ihrem Gegenüber in jegliche Richtung zu folgen, die es einschlägt.

Eine große Frage muss nicht ernst oder gewichtig sein oder den Sinn des Lebens betreffen – auch wenn sie das kann! Sehen Sie sich einmal die folgenden Möglichkeiten an:

- Welche unerfüllten Vorhaben gibt es in deinem Leben?
- Was möchtest du unseren Kindern gerne als Erbe von deiner Familie mitgeben?
- Wie hast du dich im letzten Jahr verändert?
- Welche Lebensträume hast du im Augenblick?

Eine große Frage kann auch Spaß machen, Leichtigkeit bringen und albern sein:

- Wenn du dich für 24 Stunden in ein beliebiges Tier verwandeln könntest, welches würdest du wählen und warum?

- Wenn du ein perfektes Haus für uns entwerfen könntest, wie würde es aussehen?
- Wenn du morgen früh mit drei neuen Fähigkeiten aufwachen könntest, welche würdest du dir aussuchen?

Nehmen Sie eine von diesen Fragen, oder überlegen Sie sich eine eigene. Sie soll einfach offen sein, und es soll Spaß machen, über sie nachzudenken und zu diskutieren. Sie brauchen heute nicht in Ihre schwierigsten Themen oder Konfliktpunkte einzutauchen. Sie werden sich wundern, wohin manche von diesen Fragen Sie führen werden.

Hier ist eine unserer Lieblingsfragen, die sehr ergiebig ist, egal, ob Sie sich gerade erst kennengelernt haben oder schon 50 Jahre zusammen sind:

Von welchen fünf Filmen glaubst du, dass sie dein Leben verändert haben?

Ein Paar, mit dem wir gearbeitet haben, wandte sich dieser Frage zu – der Mann stellte sie seiner Frau, mit der er seit 20 Jahren verheiratet war, und sie kamen nicht über den ersten lebensverändernden Film hinaus, der ihr einfiel: der Klassiker *Gemeinsam einsam* aus dem Jahr 1992, der in Seattle spielt und von einer Gruppe von Mittzwanzigern handelt, die Musik machen, in Coffeeshops arbeiten, ihr Berufsleben starten und sich kreuz und quer verlieben. Die Frau erzählte, wie ihr das Anschauen des Films als Teenager die Idee eingab, auch sie würde eines Tages als Mittzwanzigerin in Seattle leben und in einem

Coffeeshop arbeiten. Als sie ihren College-Abschluss gemacht hatte, tat sie genau das – und dort lernte sie auch ihren Ehemann kennen, der sie anlächelte und ein Gespräch mit ihr anfing, während sie mit dem zischenden Milchaufschäumer beschäftigt war und ihm einen Latte macchiato machte. Der Film war dafür verantwortlich, dass sie zusammengefunden hatten – und sie war schockiert, als sie entdeckte, dass ihr Mann ihn nie gesehen hatte. Sie schauten ihn sofort zusammen an und redeten den ganzen Abend lang über das Leben, das sich jeder von ihnen vorgestellt hatte, als sie vor Jahren in diese Stadt gezogen waren, und inwiefern ihr gemeinsames Leben heute Ähnlichkeiten mit der Vision von damals hatte und worin es sich davon unterschied. Sie sprachen darüber, dass sie beide nach und nach ein bisschen von der Spur ihrer Träume abgekommen waren, und überlegten, wie sie wieder dorthin kommen konnten.

Stellen Sie eine große Frage – und schauen Sie einfach, wohin sie Sie führt.

Extrapunkte: Halten Sie das Gespräch in Gang

Ermuntern Sie Ihren Partner oder Ihre Partnerin dazu, noch mehr zu erzählen. Sagen Sie Dinge, die weiterführen. Drücken Sie Interesse und Neugier aus. Sie brauchen nicht auf alles etwas zu antworten, und Sie müssen auch nicht seine oder ihre Probleme lösen. Es ist sogar besser, hier dem Versuch der Problemlösung zu widerstehen. Das ist eine andere Art von Gespräch und heute nicht das Ziel. Eine Liebeslandkarte zu erstellen hat mit Zuhören zu tun, damit, etwas Neues über den Menschen zu erfahren, den Sie lieben, sich überraschen zu lassen. Wenn Sie den Drang verspüren, in den Modus des Problemlösens zu springen oder gegen etwas Einspruch zu erheben, dann stellen Sie es einfach gedanklich zur Seite. Sagen Sie sich: *Nicht jetzt – darüber kannst du später noch reden.*

Einfache Anstöße, um das Gespräch in Schwung zu halten:

- »Erzähl mir mehr von …«
- »Erzähl mir bitte diese Geschichte!«
- »Wie hast du dich gefühlt, als das passiert ist?«
- »Sprich weiter …«

Klippen umschiffen

Sie möchten Ihrem Partner oder Ihrer Partnerin jetzt mehr große Fragen stellen, und Sie möchten auch, dass er oder sie Ihnen ebenfalls große Fragen stellt. Aber vielleicht kommt es Ihnen schwierig oder ungewohnt vor, einen Anfang zu finden. Hier finden Sie einige Überlegungen für den Fall, dass es Sie Mühe kostet, den Ball ins Rollen zu bringen:

- **Wo stehen Sie in Ihrer Beziehung?** Wenn Sie sich gerade erst kennengelernt haben, stellen Sie lieber nicht allzu persönliche Fragen. Die neue Bekanntschaft ist vielleicht noch nicht bereit, ein Gespräch über insgeheim gehegte Lebensträume und Wünsche zu führen. Überstürzen Sie nichts – Sie fangen ja gerade erst an, das Gelände des jeweils anderen zu kartieren. Mit der Zeit werden Sie weitere Einzelheiten eintragen können, besonders, wenn Sie es sich zur Gewohnheit machen, immer neugierig auf den anderen oder die andere zu bleiben und nach und nach das Wissen zu ergänzen, das Ihnen noch fehlt.

- **Wie viel Zeit haben Sie?** Je tiefgehender die Frage, desto mehr Zeit brauchen Sie, um über die Antworten zu sprechen. Erkundigen Sie sich nicht nach schmerzhaften Kindheitserinnerungen, wenn Sie gleich Gäste zum Abendessen erwarten. Suchen Sie eine Frage aus, die zum gegenwärtigen Moment passt. Beim Abendessen kann man andererseits gut Fragen stellen, und Sie können sie so erweitern, dass sie auch Kinder oder Eltern, andere Familienmitglieder oder Freunde miteinschließen: »Wenn ihr durch Zauberkraft jedes beliebige Talent oder jede gewünschte Fähigkeit haben könntet, was würdet ihr euch aussuchen und warum?« ist eine Frage, die jeder zwischen vier und 100 Jahren reizvoll findet.
- **Machen Sie einen Spaziergang.** Wenn Sie das Gefühl haben, diese Art von Kommunikation sei bei Ihnen eingerostet (vielleicht ist es schon eine Weile her, seit Sie einander solche Fragen gestellt haben), dann laden Sie Ihr Gegenüber zu einem Spaziergang ein. Wenn Sie nicht still dasitzen und sich gegenseitig anstarren, sondern stattdessen gemeinsam gehen, können Sie den Rost und die Befangenheit abschütteln! Sich körperlich zu bewegen hilft, in die Gänge zu kommen.

Oder Sie können auch immer kleine Momente nutzen, in denen Sie etwas gemeinsam tun – Wäsche zusammenlegen, kochen oder die Garage aufräumen.

- **Machen Sie ein Spiel daraus.** Laden Sie sich unsere kostenlose *Gottman Card Decks*-App herunter, in der Sie eine Fülle virtueller »Kartendecks« voller Fragen und Anregungen finden, die von den realen Kartendecks inspiriert sind, die wir bei unseren Workshops mit Paaren nutzen. Suchen Sie sich den Kartensatz »Open Ended Questions« (Offene Fragen) heraus. Blättern Sie abwechselnd die Karten durch, und ziehen Sie eine Frage, die der oder die andere beantworten soll. Manchmal ist es schwierig, den perfekten, natürlichen, organischen Moment zu finden, um eine große Frage zu stellen – dann versuchen Sie es stattdessen mit einem spontanen »Komm, wir machen ein Spiel!«.
- **Gehen Sie mit gutem Beispiel voran.** Wenn Ihr Partner oder Ihre Partnerin sich nur zögerlich auf die Frage einlässt, die Sie in den Raum werfen, dann bieten Sie Informationen über sich selbst an, um den Weg zu bahnen: »Wenn du dir noch einmal einen anderen Beruf aussuchen könntest, was könntest du dir für dich vorstellen?« Dann beantworten Sie die Frage für sich selbst: »Wenn ich noch einmal von vorne anfangen könnte, hätte ich seit der Pandemie Lust, mich mit Epidemiologie zu beschäftigen. Das würde mir gefallen. Ich habe mich früher immer sehr für Naturwissenschaften interessiert, doch ich dachte, ich sei nicht gut darin, und habe das Thema nie weiterverfolgt. Aber

ich fand es immer faszinierend und eine wunderbare Möglichkeit, einen Beitrag zur Gesellschaft zu leisten. Wie dem auch sei – wie ist es bei dir?«

Zeigen Sie dem oder der anderen den Weg zu der Art von Gespräch, das Sie führen möchten, das erleichtert es Ihrem Gegenüber, darauf einzuschwenken.

TAG 3

SAGEN SIE DANKE

Jede Partnerschaft ist einzigartig und bringt ihre eigenen Herausforderungen mit sich, die aus unserer bisherigen Lebensgeschichte, unserer Persönlichkeit, unseren Wünschen, unserem Kommunikationsstil und vielem anderen erwachsen. Zusätzlich setzt uns auch die Welt unter Druck. Unter finanziellen Druck. Unter beruflichen Druck. Unter den Druck der Familie mit ihren Anforderungen. Wir erleben Diskriminierung. Jedes Paar, das bei uns zur Tür hereinkommt, ist ein Original, eine Verbindung, die es so nur ein einziges Mal gibt, eine Mischung all dieser Faktoren und Kräfte – es gibt nirgendwo auf der Welt eine Beziehung, die genau so ist wie diese. Doch gleichzeitig können wir, dank des unglaublichen Privilegs unserer langjährigen Arbeit mit so vielen Paaren quer durch alle Bevölkerungsgruppen, die Schnittpunkte sehen, in denen wir alle gleich sind. Wir alle wollen geschätzt werden. Für unsere Bemühungen anerkannt werden. Wir wollen alle *gesehen* werden.

Sie tragen Scheuklappen

Noah und Melissa, ein Paar Ende 30, waren in vielfacher Hinsicht erfolgreich. Sie waren gut ausgebildete junge Leute, die auf ihrem Gebiet Hervorragendes leisteten. Zehn Jahre lang hatten sie jede Woche 100 Stunden gearbeitet, ihr eigenes Unternehmen gegründet und geführt. Sie hatten zusammen ein Haus gebaut. Sie hatten ein Baby bekommen. Es war inzwischen im Kleinkindalter, und nachdem sie lange gewartet hatten, wollten sie nun ein zweites Kind adoptieren. Da sie ihren Lebensstil ändern wollten, verkauften sie ihr Unternehmen und das Haus, erwarben ein neues und versuchten kürzerzutreten. Aber sie steckten, wie sie es schilderten, »in einer Tretmühle von stets nachdrängenden Aufgaben«. Sie stürzten sich in die Renovierung des neuen Hauses. Melissa begann ein Buch zu schreiben. Ihr Leben war so hektisch wie eh und je.

Sie waren ehrgeizig, tatkräftig, clever und arbeiteten hart – und sie waren erschöpft. Zehn Jahre Überstunden, die Elternschaft, die stramme Planung jeglicher Zeiträume hatten dazu geführt, dass sie ausgebrannt waren und nicht mehr konnten. Sie hatten sich so viel auf den Teller gepackt, dass er nach allen Seiten überquoll. Und beide hatten das Gefühl, sie würden die Verantwortung für alles und jedes schultern. Wenn sie sich umschauten, sahen sie nur das, was alles *nicht* gemacht war, alles, was der oder die andere *nicht* erledigte. Es gab einen Stapel unbezahlter Rechnungen, die elektrischen Leitungen für das neue Bad waren noch nicht verlegt, die endlose Liste an elterlichen Aufgaben musste abgearbeitet werden (Arzttermine vereinbart, neue Schuhe gekauft, Windeln besorgt usw.). Die beiden steckten in der niemals stillstehenden Mühle der Arbeit, des Lebens und der Elternschaft, und die Listen schienen immer länger zu werden. Sie hatten das Gefühl, so hart zu arbeiten, wie sie konnten, und dabei ständig an Boden zu verlieren. Es war leicht, den anderen anzuschauen und zu sehen (und dann zu sagen), wo es bei ihm überall fehlte.

Melissa hatte eine nüchterne, analytische Art und Weise, alle Schwächen Noahs aufzuzählen – er hätte x oder y machen sollen, er hätte z im Auge haben und planen müssen. Worauf Noah explosiv reagierte, wütend und defensiv wurde. Er hatte das Gefühl, sie tue ihm unrecht und mache ihn mit ihrer Kritik schlecht, und hielt dagegen. Seine Reaktion rief weitere Kritik von ihr hervor – und so drehten sie sich immerfort im Kreis.

Die Situation von Noah und Melissa ist nicht ungewöhnlich. Paare arbeiten heute oft so hart, dass sie auf parallelen Bahnen unterwegs sind – wie Züge rasen sie mit Volldampf auf eigenen Gleisen dahin, die niemals zusammenlaufen. Jeder ist so sehr davon gefangen genommen, zu planen, was er erledigen muss, und es dann auch *auszuführen*, dass er oft nicht mitbekommt, was der oder die andere macht. Wir haben einen Tunnelblick für unsere eigenen Aufgaben, Herausforderungen, endlosen Aufgabenlisten – und all das ist viel. Also tragen wir im Grunde Scheuklappen.

Lange Zeit dachten Therapeuten, die in der Paarberatung arbeiteten, dass unglückliche Paare im Lauf eines typischen Tages nicht sehr nett zueinander waren – anders gesagt, dass sie nicht genügend Positives beitrugen, auf Kontaktangebote nicht mit Zuwendung reagierten, einander nicht halfen, wenig Gesten der Zuneigung machten usw. Daher pflegten sie »positive Tage« zu verordnen, an denen die Partner die Aufgabe hatten, einander freundlicher zu begegnen und öfter unter die Arme zu greifen. Doch schon bald flog diese Taktik in den Papierkorb – sie funktionierte nicht. Es stellte sich heraus, dass die Menschen im Allgemeinen durchaus nett zueinander waren – sie *merkten* nur nicht, dass ihr Partner oder ihre Partnerin nett zu ihnen war.

In den 1980er-Jahren führten zwei Forscherinnen, Elizabeth Robinson und Gail Price, eine Studie durch, bei der sie je zwei Beobachter in das Haus oder die Wohnung eines Paars schickten, einen pro Person.[1] Die Aufgabe dieser Beobachter bestand darin, objektiv nach positivem Verhalten der Einzelnen gegenüber ihren Partnern Ausschau zu halten. Gleichzeitig hielten sie die Ehepartner dazu an, einander wahrzunehmen und »angenehme und unangenehme« Verhaltensweisen in eine Beobachtungs-Checkliste einzutragen.

Dabei stellten sie Erstaunliches fest: Unglücklich verheirateten Paaren entgingen 50 Prozent der positiven Dinge, die der oder die andere für sie tat. Es war nicht etwa so, dass die glücklich verheirateten Paare sich liebevoller oder hilfreicher verhielten als die unglücklich verheirateten – sie waren einfach nur besser darin, *das auch zu sehen.*

Wenn wir unseren Partner oder unsere Partnerin betrachten (und bei Licht besehen auch dann, wenn wir unser Leben im Allgemeinen betrachten), haben wir die Tendenz, das Negative statt des Positiven wahrzunehmen – das Negative springt uns an wie eine blinkende Neonschrift. Teilweise aufgrund von evolutionären Aspekten der Funktionsweise unseres Gehirns scannen wir die Umgebung standardmäßig nach Problemen ab, denn sie zu lösen hilft uns zu überleben. Zugleich glauben wir gerne, dass wir objektive Beobachter der Welt sind, dass die Informationen, die wir sammeln, neutral sind. Die Hirnforschung sagt uns das Gegenteil: Wenn Sie nach Problemen Ausschau halten, werden Sie auch welche finden. Die Strukturen in Ihrem Gehirn, die für Aufmerksamkeit und die Verarbeitung von Input zuständig sind und die Welt je nach Ihren Vorannahmen und Erwartungen filtern, sorgen zuverlässig dafür.

Der Psychologe Robert Weiss hat den Begriff »negative sentiment override« (Vorrang oder Übergewicht negativer Gefühle) geprägt, um zu bezeichnen, was geschieht, wenn negative Gefühle in Bezug auf eine Beziehung so stark und gewohnheitsmäßig werden, dass sie die positiven Augenblicke überlagern, die es direkt vor Ihrer Nase ebenfalls gibt.[2] Wenn Sie in der negativen Perspektive festhängen, sehen Sie Ihr Gegenüber und sein Verhalten verzerrt. Sie gewinnen kein klares Bild, weil Ihre Sicht getrübt ist. Sie fokussieren sich auf das Negative, übersehen das Positive und sogar neutrale Ereignisse, und alle Interaktionen werden von negativen Interpretationen dunkel eingefärbt.

Überlegen Sie, ob die folgenden Beispiele manchmal für Sie zutreffen:

1. **Sie sehen nur noch, was Ihr Partner alles falsch gemacht hat.** Stellen Sie sich vor, Sie wären Ihrem Partner den ganzen Tag lang im Haus auf den Fersen und würden jedes Mal feststellen, notieren und in eine Liste eintragen, wenn er etwas falsch macht oder etwas Notwendiges nicht macht. Sie lassen ihm nichts durchgehen. Sie legen einen Katalog mit all den Punkten an, in denen Ihr Partner oder Ihre Partnerin Ihre Erwartungen nur unzureichend oder nicht erfüllt. Sie sehen eine Sache im Zweifelsfall nicht mehr zu seinen oder ihren Gunsten. Wenn Sie einen Stapel Teller vom Mittagessen im Spülbecken

entdecken, denken Sie nicht: *Na ja, er hatte pausenlos Zoom-Konferenzen, und es war zeitlich sehr eng für ihn.* Sie denken: *Ihm liegt nicht so viel an einem schönen Zuhause wie mir.*

2. **Sie sagen Ihrem Partner oder Ihrer Partnerin nicht, was Sie sich wünschen.** Sie haben das Gefühl, dass das, was er oder sie tun soll, so offenkundig ist, dass es nicht nötig sein sollte, darauf hinzuweisen oder darum zu bitten. Sie denken: *Er weiß doch, dass das gemacht werden muss, und ignoriert es einfach.* Oder: *Sie weiß doch, dass mir das wichtig ist, und kümmert sich nicht darum.* Und wenn er oder sie dann nicht so funktioniert, wie Sie sich das vorstellen, machen Sie ihm oder ihr Vorwürfe, weil er oder sie Dinge nicht gemacht hat.
3. Sie bitten Ihren Partner um das, was Sie brauchen und möchten, aber wenn er es nicht genau so macht, wie Sie es machen würden, kritisieren Sie ihn. Ihr Ziel ist sinnvoll: Sie wollen, dass die Dinge gemacht werden, und zwar richtig! Sie hätten gerne, dass er die Wäsche übernimmt … aber nicht, dass dann Ihre Pullover einlaufen. Sie möchten, dass sie gelegentlich mal das Abendessen macht … aber nicht, dass sie die teuren Lammkoteletts, die Sie besorgt haben, brät, bis sie zäh sind. Sie stellen dem anderen eine Aufgabe, die er zu übernehmen bereit ist … aber dann kontrollieren Sie ganz genau, wie er sie erfüllt. Das Endergebnis ist nicht, dass der andere es beim nächsten Mal besser machen möchte, sondern dass er es überhaupt nicht mehr machen will, weil er es hasst, so kontrolliert zu werden. Und am Schluss sind alle voller Groll.

Eine glückliche Beziehung erfordert eine hoch entwickelte *Wertschätzungskultur* zwischen den Partnern, in der beide ebenso gut darin sind, all die Dinge wahrzunehmen, die der Partner oder die Partnerin richtig und gut macht, wie sie diejenigen registrieren, die er oder sie falsch macht. Man tappt nur allzu leicht in die Falle, lediglich das zu sehen, was er oder sie *nicht* macht. Sie entwickeln ein Narrativ, in dem Sie die Person sind, die alle Mühen allein auf sich nimmt, und fangen dann an, das auch zu glauben. Wenn Sie nur nach dem Negativen Ausschau halten, werden Sie genau dieses mit Leichtigkeit finden.

Um mit dieser standardmäßigen mentalen Gewohnheit zu brechen, müssen Sie eine neue aufbauen: nach dem Positiven Ausschau halten. Wenn Ihre Wertschätzungskultur zu wünschen übrig lässt oder überhaupt nicht mehr existiert, erzielen Sie die schnellste Wirkung damit, sie schleunigst wiederzubeleben. Verändern Sie Ihre Standardeinstellung, und achten Sie auf das, was *richtig* ist, statt auf das, was falsch ist.

Den Filter wechseln

Ein Paar, mit dem wir gearbeitet haben, konnte in diesem Bereich eine große Veränderung vornehmen, und die verdankte sich … dem *Kaffeekochen*.

Als Joel und David uns aufsuchten, steckten sie in einem Muster wechselseitiger Enttäuschung fest. Beide hatten das Gefühl, sie könnten nie genug tun, um den anderen zufriedenzustellen, ganz gleich, wie viel Mühe sie sich gaben. Jeder hatte eine ganze Litanei von Klagen über den anderen – überwiegend Kleinkram, aber wir wissen alle, dass sich der Kleinkram auftürmen kann wie schmutziges Geschirr im Spülbecken, eine schmutzige Gabel nach der anderen. Beide fühlten sich ausgenutzt, jeder glaubte, alles alleine zu machen. Und beide waren voller Groll.

Eines Tages kamen sie zu ihrer Therapiestunde und wirkten anders. Die Veränderung der Energie zwischen ihnen war fast mit den Händen zu greifen. Wir bemerkten eine neue Wärme und Nähe zwischen ihnen, und sie saßen sogar auf der Couch näher beisammen. Sie wirkten entspannt und offener als sonst, die Sitzung war positiv und produktiv.

Wir fragten sie, was sich verändert hatte.

Sie schauten sich an. Joel lächelte und zuckte mit den Achseln. »Er hat sich bei mir bedankt, dass ich den Kaffee mache«, sagte er.

In der Woche zuvor war Joel auf Geschäftsreise gewesen. Er hatte die Gewohnheit, früh aufzustehen und Kaffee zu machen. Wenn er zur Arbeit ging, ließ er den frischen, heißen Kaffee in der Thermoskanne zurück, sodass David (eine ausgesprochene Nachteule) nach dem Aufstehen gleich eine Tasse frisch aufgebrühten Kaffee vorfand, den er nur noch zu trinken brauchte. Joel hatte das schon so lange gemacht – seit den Anfängen ihrer Beziehung, noch ehe sie verheiratet waren –, dass es Teil des Hintergrunds geworden war; David hatte schon längst aufgehört, es wahrzunehmen. Aber als Joel in jener Woche nicht da war, fand David beim Aufwachen eine stille Küche und eine kalte, leere Kaffeekanne vor. Als er den Kaffee selbst mahlen und mit der Kaffeemaschine herumhantieren musste, mit der er sich nicht auskannte, merkte David, wie abhängig er von diesem täglichen kleinen Liebesdienst war und wie sehr er ihn schätzte. Er begann sich zu fragen, was er sonst noch alles als selbstverständlich ansah, was ihm sonst noch alles entging.

Natürlich hat dieses eine »Dankeschön« nicht auf magische Weise alles in Ordnung gebracht. Aber es bewirkte etwas anderes: Es lockerte die negativen Filter der beiden. David formulierte es so: »Als ich anfing, nach dem Ausschau zu halten, was er richtig machte, kam es mir überall entgegen. Freilich haben wir immer noch alle möglichen Probleme, die unerwartet auftauchen, aber es gibt so viel Positives, dass die Schwierigkeiten einfach keine Dellen mehr hinterlassen.«

Wenn man sich nach dem Positiven statt nach dem Negativen umschaut, ist das eine andere Art, sein Gehirn zu benutzen – man muss sein Gehirn eigens darauf trainieren. Weil wir in vielfacher Weise von Haus aus so vorprogrammiert sind, dass wir auf das Negative achten, können wir nicht einfach einen Schalter umlegen und beschließen, fortan das Positive wahrzunehmen. Anfangs wird es ein bisschen Mühe kosten – wie das Radfahrenlernen. Aber die gute Nachricht dazu lautet: Das menschliche Gehirn ist von einer unglaublichen Plastizität, und das bedeutet, dass man seine neuronalen Schaltkreise »umpolen« kann, indem man übt, nach dem Positiven Ausschau zu halten.

Der Neurowissenschaftler Richard Davidson, Gründer und Direktor des Center for Healthy Minds an der University of Wisconsin-Madison, hat entdeckt, dass man positive Gefühle sogar bei der Aufzeichnung von Hirnwellen sehen kann. Für seine Studie nutzte er ein Elektroenzephalogramm (EEG), das die elektrische Aktivität im Gehirn mittels kleiner Elektroden aufzeichnet, die auf der Kopfhaut angebracht werden. Wenn man Menschen bittet, einen typischen Tag zu schildern, und dabei ein EEG macht, haben Personen mit einer Depression wesentlich mehr Aktivität im frontalen Bereich der rechten

Gehirnhälfte als in dem der linken, und rechts werden unter anderem Angst, Trauer und Ekel verarbeitet – Emotionen, die oft dazu führen, dass wir uns aus der Welt zurückziehen oder Interaktionen mit anderen vermeiden. Im frontalen Bereich der linken Gehirnhälfte sind hingegen die Emotionen zu sehen, die uns dazu antreiben, uns anderen Menschen und der Welt im Allgemeinen zu *nähern*, so etwa Liebe, Interesse, Neugier und sogar Wut – Wut ist normalerweise eine Emotion, die uns dazu anstachelt, uns anderen zu nähern und mit ihnen auseinanderzusetzen, nicht dazu, uns zurückzuziehen. Das *positive Gehirn* und das *negative Gehirn* sehen bei einer EEG-Messung nicht nur unterschiedlich aus, sie funktionieren auch unterschiedlich – jeweils spezifische Regionen und Pfade werden elektrisch aktiviert. Wenn Menschen darin feststecken, ihre Welt nur nach Negativem zu scannen, wirkt sich das auf alle Verarbeitungsprozesse des Gehirns aus und prägt, was sie wahrnehmen, welchen Dingen sie Aufmerksamkeit schenken und wie sie sich fühlen – es prägt die gesamte *Erfahrung des eigenen Lebens*. Es wirkt sich nicht nur darauf aus, wie man die Welt um sich herum erlebt, sondern hat auch noch »nachgelagerte Auswirkungen« auf die geistig-seelische und sogar körperliche Gesundheit.[3] Davidson hat festgestellt, dass Achtsamkeitsmeditation – üben, die Aufmerksamkeit auf den gegenwärtigen Augenblick zurückzulenken, sooft sie irgendwo anders hinwandert – die negativen Gewohnheiten des Gehirns umkehren kann, zuerst nur während der Meditation und nach und nach auch sonst für längere Zeiträume.[4]

Der springende Punkt dabei ist: Wenn Sie Ihre Zeit damit zubringen, nach dem *Positiven* zu suchen statt nach dem *Negativen* (wobei leider bei den meisten von uns die Suche nach dem Negativen die standardmäßige Voreinstellung des Gehirns ist), verändern Sie Ihr Gehirn funktional auf der zellulären Ebene. Sie legen neue Pfade an und lassen neue synaptische Verbindungen sprießen. Sie trainieren Ihr Gehirn dazu, die Welt anders wahrzunehmen, ohne den negativen Filter. Das ist gut für Ihr Gehirn, Ihren Körper und Ihre Beziehung.

Die Macht der positiven Perspektive

Wir führten eine Studie über Paare durch, bei denen es zu häuslicher Gewalt kam, um zu sehen, ob ein Gehirntraining zur Förderung von Positivität sowie eine verbesserte Fähigkeit zur Selbstberuhigung etwas an ihrer Situation ändern konnten. Kurze Anmerkung: Wenn wir mit Paaren arbeiten, die Probleme mit häuslicher Gewalt haben, geht es nicht um schwere Gewalt mit einer Täter-Opfer-Dynamik. Wir arbeiten daran, Interventionen für Paare zu entwickeln, die leichte bis mäßige Formen von Gewalt anwenden und bei denen beide Partner während eines hitzigen Konflikts ausrasten können, ohne dass jemandem Verletzungen zugefügt werden. Und beide müssen sich ändern wollen. Für diese Studie entwickelten wir ein Lernprogramm für Menschen, die erheblichem Stress ausgesetzt waren: Paare, die in Armut lebten und bei Konflikten regelmäßig explodierten.

Um den Menschen wirklich zu *zeigen*, was dabei in ihrem Gehirn und ihrem Körper geschah, benutzten wir bei der Studie ein kleines Biofeedbackgerät namens »emWave« (hergestellt von HeartMath), das die Herzratenvariabilität maß und auf dem Display farbige Bereiche hatte, die den Leuten ihren seelischen und körperlichen Zustand vor Augen führten. In der roten Zone waren sie in einem Zustand hoher Erregung (nicht von der guten Sorte!), von Emotionen überflutet und anfällig für Wutausbrüche. Aber sie konnten in die grüne Zone gelangen, indem sie ihre Atmung verlangsamten, länger ausatmeten als einatmeten und außerdem *an etwas Positives* in ihrem Leben *dachten*, für das sie dankbar waren oder das Zuneigung in ihnen weckte. Die Visualisierung von etwas Positivem war eine hochwirksame Taktik, Stress loszulassen, die Herzfrequenz zu regulieren und in der grünen Zone zu bleiben.

Die Paare trafen sich zweimal in der Woche zu einer Schulung, benutzten das Biofeedbackgerät wiederholt fünf Minuten lang und machten dabei die Atemübungen und die Übungen zum positiven Denken. Am Ende der Studie, die über 20 Wochen lief, und sogar noch eineinhalb Jahre später, stellten wir eine verringerte Feindseligkeit, ein freundschaftlicheres Verhältnis und mehr Leidenschaft und Romantik bei diesen Paaren fest.[5] Wir hatten die häusliche Gewalt *ausgeschaltet* und die Physiologie der Beteiligten während Konflikten vollständig verändert, sodass sie sich sogar dann beruhigen konnten, wenn sie unterschiedlicher Meinung waren. Die positive Perspektive ist mächtig – sie hat in signifikantem Maße dazu beigetragen, die Dinge für Paare mit außerordentlich großen Herausforderungen zum Guten zu wenden, und das heißt, sie kann eine wirksame Technik für uns alle sein.

Erziehen Sie Ihr Gehirn um!

Als wir begannen, mit Noah und Melissa zu arbeiten, war klar, dass sie in einem Modus mit negativem Filter waren. Sie machten sich den ganzen Tag lang gegenseitig Vorhaltungen.

Folglich verhängten wir als Erstes einen Bann gegen jegliche Kritik: Ab jetzt war sie absolut verboten! Keinerlei kritischer Kommentar war erlaubt. Wir formulierten es folgendermaßen: »Ihr Gehirn wird weiterhin Negatives finden. Aber lassen Sie die Worte, die in Ihrem Gehirn auftauchen, nicht nach unten durchsickern und aus Ihrem Mund kommen. Lassen Sie sie einfach ungesagt los, wie man Sand durch die Finger rieseln lässt.«

Als nächsten Schritt forderten wir sie auf, einander nachzuspionieren: »Beobachten Sie einander den ganzen Tag lang mit Adleraugen, und registrieren Sie: *Was macht er oder sie gerade?* Nur wahrnehmen, ohne jegliche Intervention und ohne einen Kommentar, dann schauen wir mal, was Sie herausfinden.«

Und siehe da, Melissa entdeckte, dass Noah eine Unmenge von Dingen für sie und die Familie und den Haushalt machte. So badete er zum Beispiel täglich das Baby, und Melissa fiel zum ersten Mal auf, wie viel Zeit und Mühe das kostete, wie liebevoll er zu der Kleinen war und wie geschickt er mit ihr umging. Er erledigte mehr als seinen Anteil an Besorgungen und Hausarbeit, damit sie mehr Zeit hatte, an ihrem Buch zu arbeiten. Sie war wegen des Buchs unter Druck geraten und machte sich Sorgen, und Noah gab ihr eine Menge emotionale Unterstützung und sprach ihr Mut zu. Sie war wirklich baff, wie viel er schulterte. Sie spürte, wie ihre eigene Last leichter wurde – obwohl ihre To-do-Liste noch genauso lang war wie vorher. Sie fühlte sich anders an, nachdem Melissa wusste, wie viel auch Noah zu tragen hatte.

Als wir ihr zu erkennen halfen, was er alles an Positivem beitrug, fing sie an, den ganzen Tag »Danke, dass du das machst« zu sagen. Das fiel ihr leicht, sobald sie erst einmal seine Bemühungen wahrnahm – sie war gerührt und dankbar und sprach das auch laut aus. Und Noah? Er *schmolz* einfach dahin. Schien er zuvor nur noch aus Stacheln und scharfen Kanten zu bestehen, war er jetzt weich wie Butter. Seine defensive, kämpferische Haltung voller Groll löste sich einfach in Luft auf. Die negative Abwärtsspirale der beiden kehrte sich vor unseren Augen um – von ihr kam jetzt so viel mehr Wärme, dass es ihm leichtfiel, es ihr gleichzutun und ihr ebenfalls für alles zu danken, was sie machte, obwohl das Buchprojekt einen so großen Teil ihrer Zeit in Anspruch nahm. Der Zyklus der positiven Verstärkung und Wertschätzung war wie ein Aufwind, der sie immer weiter in die Höhe trug.

Während der Coronavirus-Pandemie sahen wir viele Paare mit dem negativen Filter kämpfen. Fachleute für seelische Gesundheit verzeichneten einen steilen Anstieg von Depressionen. Die Einschränkungen des Lebens während der Pandemie wurden zu einer Art Feuerprobe und setzten alle einem außergewöhnlich hohen Stresslevel aus, da äußere Kräfte, die wir nicht kontrollieren konnten, uns alle im Haus hielten, 24 Stunden am Tag gemeinsam eingesperrt. Wenn man plötzlich jeden Tag den ganzen Tag zusammen ist, fällt einem viel eher auf, wie viele Dinge der Partner oder die Partnerin anders macht, als man sie selbst machen würde, und man merkt, dass seine oder ihre Prioritäten nicht mit den eigenen übereinstimmen. Wenn Sie zuschauen, wie Ihr Partner an einem Berg Wäsche vorbeigeht, um sich etwas zu essen zu machen, während Sie den ganzen Morgen geputzt haben, kann das selbst die Geduld eines Heiligen auf die Probe stellen. Aber kommen wir zu unserer fundamentalen Wahrheit zurück: Im Kern sind wir soziale Wesen. Und als solche geht es uns am besten, wenn wir unter

Stress mittels Kooperation zu überleben versuchen, statt uns auf die Haltung »Jeder ist sich selbst der Nächste« zurückzuziehen. Je mehr wir positiv interagieren können – auch wenn uns das manchmal strapazieren mag –, desto leichter wird es sein, schwierige Zeiten durchzustehen und dabei sogar zu gedeihen. Nach dem Ausschau zu halten, was Ihr Partner oder Ihre Partnerin gut macht, ist nur eine kleine mentale Umstellung, die aber im Lauf der Zeit nicht nur die Verarbeitungsprozesse in Ihrem Gehirn verändern, sondern auch ein mächtiges Gegenmittel gegen die Beziehungskiller darstellen wird, die wir als »die vier apokalyptischen Reiter« bezeichnen. Sie kommen angaloppiert, wenn wir keine starke Kultur der Wertschätzung aufbauen: Kritik, Verachtung, Rechtfertigung und Mauern.

Wir können aber etwas tun, um die vier apokalyptischen Reiter zu vertreiben – oder sie daran zu hindern, überhaupt bei uns ins Haus zu kommen –, nämlich *das Unsichtbare sichtbar machen*. Wir suchen das Gute, das verborgen war und übersehen wurde, nehmen es wahr und schätzen es. Und außerdem können wir uns auch an die eigene Nase fassen. Fragen Sie sich: Wenn Sie Zuneigung für Ihren Partner oder Ihre Partnerin empfinden oder ihm oder ihr dankbar sind, drücken Sie das dann aus? Teilen Sie es ihm oder ihr mit? Oder nehmen Sie an, er oder sie wüsste das irgendwie sowieso schon?

Anstatt diese Gedanken und Gefühle stillschweigend für uns zu behalten, machen wir uns daran, eine neue Gewohnheit zu entwickeln und sie laut auszusprechen. Wenn Sie positive Gefühle haben, *sagen* Sie es. Wenn Sie das zur Routine werden lassen, werden Sie sehen, wie unglaublich schnell sich die Dynamik zwischen Ihnen und Ihrem Partner zum Heilsamen hin verändern kann. Ein Paar, mit dem wir kürzlich gearbeitet haben, Tony und Sunny, war in einer besonders kniffligen Situation: Der Ehemann Tony sorgte gemeinsam mit seiner Ex-Frau Jennifer für die gemeinsame Tochter. Tonys Beziehung zu seiner Ex-Frau war leider sehr toxisch geworden. Die Einzelheiten der gemeinsamen Erziehung waren schwierig zu regeln und umzusetzen, es gab viel Stress, und Tony und Sunny stellten bald fest, dass sie ständig darüber stritten, wie sie mit jeder einzelnen Interaktion und jedem Problem mit Jennifer umgehen sollten. Es fühlte sich an, als würden sie gezielt von außen her von Jennifer angegriffen, als würde sie absichtlich Stress und Trauma in ihre Ehe bringen. Aber in Wirklichkeit waren Tony und Sunny so sehr auf Stress und Krise fokussiert, dass sie sich zugleich auch auf alles Negative konzentrierten, was der oder die andere tat, was ihren Stress vervielfachte. Sie waren nicht liebevoll zueinander. Sie sahen nicht das Positive. Sie kritisierten einander ständig. Wenn Tony ein Problem mit Jennifer hatte, hatte er inzwischen auch das Gefühl, er könne das nicht mit Sunny besprechen, weil sie es verdrehen und als Angriff auf sich selbst auffassen würde. Der negative Filter beherrschte alles so sehr, dass sie sich, als sie bei uns auftauchten, bereits fragten: »Warum leben wir überhaupt in einer Beziehung? Was soll das?«

Unsere Intervention: *Verändern Sie den Fokus.* Akzeptieren Sie, dass es Stress und Schwierigkeiten von Jennifers Seite gibt. Dagegen können Sie nichts machen. Fokussieren Sie sich stattdessen darauf, in Ihrem Zuhause und in Ihrer Ehe einen gesunden Raum zu schaffen, in dem Sie sich gegenseitig unterstützen. Wir gaben beiden eine Aufgabe. Tony sollte sich das Ziel setzen, Sunny eine positive Woche erleben zu lassen. Sunny sollte sich darauf konzentrieren, Tonys Bemühungen zu würdigen.

Als sie den Fokus verschoben, konnten sie plötzlich wieder sehen, wie wunderbar ihr Gegenüber war und wie viel beide taten. Sie konnten die Probleme gemeinsam lösen und Jennifer und die Beteiligung an der Erziehung des Kindes so managen, dass keine Toxizität in ihre eigene Beziehung eindrang und einen Keil zwischen sie trieb. Es war wirklich erstaunlich. In den eigentlichen Sitzungen konnten wir Tony und Sunny nur minimal helfen. Sie taten das selbst, zu Hause, indem sie ernsthaft diese Strategie der Wertschätzung anwandten. Sie wurden bald sehr geübt darin und schützten ihre Beziehung vor dem Sperrfeuer an Negativität. Sie hatten sie kugelsicher gemacht.

Die Übung für den heutigen Tag

SAGEN SIE DANKE!

Danke zu sagen gehört zu den ersten Dingen, die man uns als Kinder beibringt – Wertschätzung und Dankbarkeit zu zeigen, wenn uns jemand etwas Gutes tut oder sich unseretwegen Mühe macht. Wahrscheinlich sagen Sie es den ganzen Tag lang automatisch, beinahe ohne nachzudenken: zu Ihren Arbeitskollegen und -kolleginnen, der Busfahrerin, die an der Haltestelle auf Sie wartet, dem fremden Menschen, der Ihnen die Tür aufhält. Aber in unseren intimsten Beziehungen können wir durchaus vergessen, wie wichtig das Danken eigentlich ist.

Unser Partner möchte gerne wissen, dass er uns eine Freude gemacht hat. Dass seine Bemühungen – so unvollkommen sie manchmal auch sein mögen – dennoch gesehen und geschätzt werden. Dass sein Tun nicht als selbstverständlich angesehen wird und er nicht unsichtbar ist. Bei David und Joel hat das Dankesagen das Eis gebrochen und einen neuen Weg in die Zukunft eröffnet. Melissa und Noah stellten fest: Nachdem einer den Zyklus der Wertschätzung begonnen hatte, fiel es dem anderen leicht, sich anzuschließen und ihn zu verstärken. Hier ist Ihre Aufgabe für den heutigen Tag:

Schritt eins: Werden Sie zum Anthropologen

Für den Rest des Tages (oder morgen, falls Sie das Buch am Abend lesen) ist es Ihre Aufgabe, zum Spion zu werden. Vergessen Sie Ihre To-do-Liste. Nehmen Sie sich ein paar Stunden von der Arbeit frei. (Oder melden Sie sich krank – wir unterschreiben das ärztliche Attest!) Wenn das nicht möglich ist, dann schinden Sie so viel Zeit wie möglich heraus, um in der Nähe Ihres Partners oder Ihrer Partnerin zu sein, während er oder sie sein oder ihr Tagwerk verrichtet. Um Ihren Kopf für diese Aufgabe zu trainieren, müssen Sie – wenigstens für kurze Zeit – alle anderen Gedanken und Ablenkungen verbannen und einfach nur beobachten.

Behalten Sie heute Ihren Partner im Blick, sooft Sie können. Folgen Sie ihm durchs Haus. Notieren Sie sich alles, was er tut, besonders das Positive! Das Negative schreiben Sie nicht auf, etwa das achtlose Vorbeigehen an einem Stapel Unterlagen, den Sie gerne aufgeräumt haben wollten. Halten Sie stattdessen fest, dass er den ganzen Morgen mit hoher Konzentration durchgearbeitet und eine Menge erledigt hat oder dass er das Frühstücksgeschirr gespült und aufgeräumt, Anrufe entgegengenommen, die Spielsachen eingesammelt hat, die im ganzen Wohnzimmer verstreut herumlagen, oder dass er, als er sich einen Kaffee machte, Ihnen auch einen gebracht hat. Achten Sie darauf, wie viele Schritte für manche Aufgaben nötig sind, für die er schon so lange zuständig ist, denn vielleicht ist Ihnen gar nicht klar, wie viel Mühe sie kosten. So hat zum Beispiel ein Paar, mit dem wir gearbeitet haben, diese Übung ausprobiert, und der Partner, der einen Tag lang »Anthropologe gespielt hat«, war schockiert, wie viele Schritte erforderlich waren, um den kleinen Sohn für die Schule fertig zu machen: ihn wecken, dafür sorgen, dass er sich anzieht, ihn dazu bringen, auch seine Schuhe anzuziehen, ihm die Schuhe zubinden, seinen Schulranzen packen, sein Mittagessen vorbereiten, seine warme Jacke und seine Handschuhe bereithalten. Dem Mann war überhaupt nicht klar gewesen, wie anspruchsvoll diese Aufgabe war, und er entwickelte eine ganz neue Wertschätzung dafür, was seine Frau jeden Morgen leistete.

Sie brauchen die Tatsache, dass Sie spionieren, nicht zu verstecken – Sie sind nicht in geheimer Mission unterwegs. Sie können Ihrer Partnerin sagen, dass Sie sie beobachten, um ein besseres Gefühl für ihren Tagesablauf und alles, was sie tut, zu bekommen. Ihr Verhalten wird sich durch das Wissen, dass Sie zuschauen, nicht wesentlich ändern. Wenn Sie die Übung beide machen, dann wechseln Sie sich ab – seien Sie ein Weilchen der beobachtende Teil und tauschen Sie dann die Rollen. Achten Sie auf die Dinge, die Sie eventuell nicht so leicht sehen können, weil Ihre Zeitpläne sich in die Quere kommen oder weil Sie abgelenkt sind. Entwickeln Sie einen Röntgenblick, um alles mitzubekommen, was Ihr Partner tut, wie klein und routinemäßig etwas auch sein mag. Und gehen Sie beim Zuschauen auch über die elementaren Dinge wie Aufgaben und Besorgungen hinaus. Nehmen Sie wahr, wie Ihre Partnerin Zuneigung ausdrückt, wenn sie mit den Kindern oder mit anderen Menschen umgeht. Die To-do-Listen des Lebens sind lang und kommen nie an ein Ende, und sie füllen sich jeden Tag automatisch wieder neu. Es wird immer noch etwas zu tun geben, etwas, das noch nicht erledigt ist. Widmet Ihr Gegenüber der Beschäftigung mit den Kindern Zeit, telefoniert mit alternden Eltern, unterstützt Kollegen, hält die Verbindung zu Freunden und Freundinnen? Nehmen Sie wahr, wie Ihre Partnerin Freundlichkeit, Großzügigkeit und Ermutigung ausdrückt und in welcher Weise sie Beziehungen pflegt. Das ist gut genutzte Zeit.

Schritt zwei: Sagen Sie Danke

Bedanken Sie sich für etwas Routinemäßiges. Wenn Sie Ihren Partner oder Ihre Partnerin aufmerksam beobachtet haben, werden Sie jede Menge Möglichkeiten dafür finden. Danken Sie ihm für etwas, das er gut macht, auch wenn es etwas Kleines ist, das er jeden Tag erledigt – sogar ganz besonders dann, wenn es eine alltägliche Kleinigkeit ist. Aber sagen Sie nicht einfach nur: »Vielen Dank!« Erklären Sie dem anderen, warum diese Kleinigkeit etwas Wichtiges für Sie ist. »Danke, dass du jeden Morgen den Kaffee machst. Ich liebe es, wenn mir beim Aufwachen den Duft von Kaffee in die Nase steigt und ich dich in der Küche werkeln höre. Dann fängt der Tag für mich genau richtig an.«

Dankbarkeit: Sie ist gut für Ihre Gesundheit und gut für Ihre Beziehung. Schon mit einem einzigen Dankeschön beginnen Sie, eine Kultur der Wertschätzung aufzubauen (oder intensivieren sie). Diese Fähigkeit gehört zu den wichtigsten, die die Meister und Meisterinnen der Liebe und Langlebigkeit besitzen und anwenden.

Klippen umschiffen

Wenn Sie in Zeitnot sind …
Wenn Sie nicht die Arbeit schwänzen oder ein paar Stunden herausschinden können, dann machen Sie sich keine Sorgen – Sie können auch noch mit anderen Taktiken gute Informationen über Ihren Partner oder Ihre Partnerin gewinnen.

Tauschen Sie die Rollen. Wenn Sie morgens immer die Kinder für die Schule fertig machen, dann lassen Sie das heute einmal Ihren Partner oder Ihre Partnerin machen. Wenn der andere immer das Abendessen zubereitet, machen Sie das heute. Sie könnten sogar beide rasch eine Liste all der Dinge zusammenstellen, die jeder von Ihnen regelmäßig erledigt, und dann ein paar aussuchen, die zur Abwechslung mal der oder die andere machen soll. Schauen Sie mal, wie es sich anfühlt, in den Schuhen des jeweils anderen zu gehen.

Beobachten Sie einander bei den Mahlzeiten. Mahlzeiten sind gute Berührungspunkte im Tagesablauf, um einander zu beobachten. Achten Sie darauf, was Ihr Partner oder Ihre Partnerin vor, während und nach den Mahlzeiten macht, ob es um die Vorbereitung geht, ums Abwaschen und Aufräumen oder um andere häusliche Aufgaben, um die Kinder, Rechnungen usw. John fällt immer auf, wie viel Julie in die Zeit nach dem Frühstück und vor dem Beginn der Arbeit hineinpackt – während er noch zu Ende frühstückt, macht sie klar Schiff, gießt die Blumen, füllt das Vogelfutter auf. Jede Mahlzeit, die Sie an einem betriebsamen Tag miteinander teilen, kann eine gute, konzentrierte Zeit dafür sein, Ihren Partner oder Ihre Partnerin »auszuspionieren«.

Wenn Sie Schwierigkeiten haben, die negative Perspektive zu überwinden …

Werfen Sie einen Blick auf Ihre Vergangenheit. Wenn Menschen unzulängliche Bezugspersonen hatten, kommt es vor, dass sie das, was ihre einstigen Bezugspersonen getan haben, und das, was ihr Partner oder ihre Partnerin jetzt macht, miteinander vermengen. Ohne es zu wollen, werden sie ihre alten negativen Gefühle ihrem Partner oder ihrer Partnerin überstülpen – es ist, als wäre der Geist dieses Elternteils oder dieser Bezugsperson anwesend und käme der Gegenwart in den Weg.

Was können Sie dagegen unternehmen? Versuchen Sie, die negativen Gefühle aus der alten Beziehung dadurch aus der aktuellen herauszuhalten, dass Sie im Hier und Jetzt bleiben. Achten Sie darauf, ob Sie im Geiste in die Vergangenheit zurückgehen, alle möglichen Annahmen machen und alte Gefühle wiedererwecken. Wir haben die Achtsamkeitsmeditation als Weg erwähnt, das Gehirn zu verändern – sie kann hier helfen. Konzentrieren Sie sich auf den gegenwärtigen Augenblick, auf diesen speziellen Menschen, auf das, was Sie direkt beobachten können. Fragen Sie sich: *Hatte ich diese negativen Gefühle schon, ehe diese Beziehung überhaupt begonnen hat? Bei wem? Was hat diese Gefühle in Gang gesetzt?* Diese Art von negativen

Gedanken und Gefühlen zu identifizieren, zu benennen und zu ihrer Quelle zurückzuverfolgen, kann Ihnen dabei helfen, sie loszulassen.

Wenn es sich anfühlt, als würden Sie das Positive sehen, Ihr Partner oder Ihre Partnerin aber nicht …
Machen Sie sich klar: Bei diesem Prozess verändern Sie Ihre eigene Denkweise und *Ihre* mentalen Gewohnheiten. Sie verändern nicht Ihren Partner oder Ihre Partnerin. Was er oder sie denkt und empfindet, können Sie letztlich nicht kontrollieren. Aber wenn Sie Ihren eigenen Blick auf die Welt verändern, hat das eine mächtige Wirkung. Sie durchbrechen den Zyklus der Negativität – Sie weigern sich, ihn zu nähren oder ihm noch Treibstoff zu liefern, der ihn in Gang halten könnte –, und das ist sehr wichtig.

Wenn Sie immer noch alles durchdringende negative Gefühle haben …
Vielleicht haben Sie es mit einer Depression zu tun. Depressive Menschen haben, bedingt durch ihr Gehirn, Berge von negativen Gedanken und Gefühlen, nicht nur in Bezug auf sich selbst, sondern auch auf andere. Es ist außerordentlich schwer für sie, sich zu positiven Gedanken und Gefühlen in Bezug auf ihre Welt und die Menschen darin durchzuringen und sie beizubehalten. Wenn Sie ernsthafte Schwierigkeiten damit haben, eine positive Perspektive zu finden, oder wenn Sie feststellen, dass das bei Ihrem Partner oder Ihrer Partnerin so ist,

dann kämpfen Sie vielleicht in Wirklichkeit mit einer Depression.

Dagegen helfen Medikamente und eine geeignete Psychotherapie. Wenn Sie glauben, eine Depression sei in Ihrer Beziehung »der Dritte im Bunde«, dann holen Sie sich Rat bei Ihrem Hausarzt, der Sie vielleicht zu einem Psychiater oder einer Psychotherapeutin überweist, der oder die speziell dafür ausgebildet ist. Und keine Sorge, Sie werden nicht der Einzige sein. Jüngst erhobene Daten weisen darauf hin, dass mindestens 9,5 Prozent der Amerikaner regelmäßig an unterschiedlich schweren Depressionen leiden.[6] Während der COVID-19-Pandemie hat sich diese Zahl verdreifacht und schoss hoch auf 32,8 Prozent.[7] Und wenn Sie mit einer Depression kämpfen, warum sollten Sie dann einfach weiterhin leiden, wenn es wirksame Abhilfe gibt? Professionelle Hilfe kann sowohl Ihnen beiden als auch Ihrer Beziehung helfen. Sie werden es nicht bedauern, dass Sie sich Unterstützung gesucht haben.

TAG 4

MACHEN SIE EIN VON HERZEN KOMMENDES KOMPLIMENT

Molly und Caroline lernten sich in den Bergen kennen. Sie kamen frisch vom College, waren jung und abenteuerlustig. Beide hatten sich beim AmeriCorps (einem zivilgesellschaftlichen Wohlfahrts-Dachprogramm) beworben und waren bei der Forstverwaltung der Vereinigten Staaten gelandet, wo sie in derselben Wegebautruppe arbeiteten. Sie waren in den North Cascades im Staat Washington unterwegs und schleppten schweres Werkzeug für das Wegräumen umgestürzter Bäume und die Wiederherstellung von Wanderwegen mit, und in klaren Nächten schliefen sie sogar draußen unter dem Sternenhimmel. Eines Tages arbeiteten Molly und Caroline Seite an Seite an einem Weg und kamen ins Gespräch. Der Arbeitstag war hart, aber die Stunden vergingen wie im Flug, während sie über Filme redeten, die ihnen beiden gut gefallen hatten, über Orte, an die sie gereist waren, und solche, die sie noch besuchen wollten, über ihre Vergangenheit und die Zukunft, die sie sich vorstellten. Es war eines dieser Gespräche, die leicht und spielerisch beginnen und dann sehr schnell in die Tiefe gehen.

Jetzt springen wir per Zeitraffer zehn Jahre weiter: Molly

und Caroline sind verheiratet. Sie arbeiten nicht mehr in den Bergen, wo es Wanderstiefel zu schnüren und Kettensägen mitzuschleppen galt – sie haben sich beruflich im Umweltaktivismus eingerichtet. Viel Geld bringt ihnen das nicht ein, und mitunter müssen sie niederschmetternde Rückschläge verkraften, aber sie stehen beide voll hinter dem, was sie tun. Vor einigen Jahren konnten sie ein Haus im Norden von Seattle kaufen, ein wunderschönes Craftsman-Häuschen in einem dicht bebauten, fußgängerfreundlichen Viertel, das nahe genug an der Innenstadt ist, damit sie mit dem Rad zur Arbeit fahren können, und nahe genug an den Bergen, damit sie am Wochenende ruckzuck auf dem Land sind und wandern können. Sie haben den kleinen, rechteckigen Rasen vor dem Haus in einen Mininutzgarten verwandelt, indem sie Hochbeete aus Zedernholz angelegt haben. Aber die Stadt ist mit der Zeit immer teurer geworden, und der finanzielle Druck lastet schwer auf ihnen. Sie reisen nicht so viel, wie sie eigentlich vorgehabt hatten – bei Licht besehen so gut wie gar nicht. Sie hatten darüber gesprochen, dass sie eine Familie gründen wollten, doch die damit verbundenen Kosten sind beängstigend hoch. Molly denkt, sie sollten die Stadt verlassen und an einen wilderen Ort weiter draußen ziehen, wo es billiger ist, sie könnten sich doch neue Jobs suchen und ein ganz neues Abenteuer beginnen! Aber Caroline liebt ihr Haus, ihren Garten, ihr Leben. Sie liebt ihren Job. Ihr gefällt alles so, wie es ist.

Als wir anfingen, mit ihnen zu arbeiten, hingen sie in einer Feedbackschleife aus Groll und defensivem Verhalten fest, beide steckten ihr Territorium ab und wehrten Vorstöße ab, die sie als Angriff auf ihre eigenen Bedürfnisse und Wünsche ansahen. Und *alles* fühlte sich wie ein Angriff an. Keine von beiden konnte ein Gesprächsthema anschneiden, ohne dass die Diskussion sofort in einen Kleinkrieg ausartete. Als Molly in einer unserer Sitzungen von einem Baby sprach, geriet Caroline augenblicklich unter Druck.

»Ich denke, du bist einfach ein unruhiger Geist«, sagte sie. »Du willst immer gleich wieder zum Nächsten weitergehen. Warum kannst du nicht einfach mal Ruhe geben? Warum kannst du nicht mit dem zufrieden sein, was wir haben?«

»Aber wir haben das doch besprochen, Caroline. Wir haben immer gesagt, wir wollten Kinder haben, wenn die Zeit dafür reif ist. Wir werden unsere Chance noch verpassen. Du kannst nicht jede Entscheidung auf die lange Bank schieben und erwarten, dass ich ewig auf dich warte.«

Sie warfen zunehmend mit der Art von Kritik um sich, die eine Beziehung zersetzen kann – der Art, die sich durch Zuneigung und Freundschaft fressen kann wie Rost durch Metall. Aber sie waren aus einem guten Grund in unserer Praxis: Sie wollten um ihre Beziehung kämpfen. Sie wollten einen Weg in die Zukunft finden. Sie hatten sich ineinander verliebt, als sie Seite an Seite arbeiteten und Schneisen in die Wildnis schlugen, aber jetzt konnten sie nicht mal einen schmalen Pfad für sich bahnen.

Wir stellten ihnen eine Frage, die zu den verlässlichsten Lackmustests für eine Beziehung gehört: »Erzählen Sie uns, wie Sie sich kennengelernt haben.«

Und das taten sie. Beide erzählten uns ihre Version ihrer Geschichte, an die sie sich lebhaft erinnern konnten. Wir hörten von unbequemen Nächten auf steinigem Boden, in denen sie sich aus ihren getrennten Schlafsäcken heraus heimlich im Dunkeln an den Händen gehalten hatten. Selbst mitten in ihrem akuten Konflikt konnten sie mit Leichtigkeit auf die Frage antworten: »Warum haben Sie sich in sie verliebt?«

Caroline: »Sie war so mutig und abenteuerlustig. Sie war immer an der Spitze der Gruppe und führte uns zum nächsten Job, ging unerschrocken die härtesten Aufgaben an. Sie schien allem gewachsen.«

Molly: »Sie hat mir wirklich zugehört, wenn ich geredet habe. Sie war so umsichtig. Sie war immer so geduldig und verlässlich – es war wie eine Landung auf festem Boden, nachdem man lange geschwommen ist.«

Es war leicht zu sehen, dass es im Untergrund ihrer derzeitigen Kämpfe Qualitäten gab, die sie zutiefst aneinander bewunderten und schätzten. Und sie hatten auch Zugang zu diesen Gefühlen der Zuneigung und Bewunderung – sie lagen ihnen quasi auf der Zunge. Zwar hatten sie angesichts weitreichender Entscheidungen eine schwere Zeit durchzustehen, aber uns war bereits klar, dass sie es schaffen würden.

Und das war nicht einfach nur ein Gefühl: Daten von den 3000 Paaren im Love Lab, deren Leben wir teilweise über 20 Jahre hinweg verfolgt haben, zeigen: Paaren, die glücklich zusammenbleiben, fällt es leicht, spezifische Eigenschaften zu nennen, die sie an ihren Partnern lieben und schätzen. Sie haben lebhafte Erinnerungen an ihre gemeinsame Vergangenheit. Wenn sie ihre Beziehungsgeschichte erzählen, ist ihr Bericht überwiegend sehr positiv gefärbt – sie betonen die guten Zeiten und die Vorzüge.[1]

Es wird in jeder Beziehung immer Konflikte geben, ganz gleich, wie gefestigt die Partnerschaft, wie groß die Vertrautheit auch sein mag. Wir wissen inzwischen, dass die Mehrzahl der Konflikte, mit denen Paare zu kämpfen haben, *ewige* Probleme sind – sie sind nicht lösbar. Sie lassen sich nicht aus der Welt schaffen. Aber die Paare, die sich jeden Tag die Zeit nehmen, sich vor Augen zu halten und daran zu erinnern, was sie an dem Menschen bewundern, mit dem zusammen sie sich den Stürmen und Unwägbarkeiten des Lebens stellen wollten, sind diejenigen, deren Beziehung langfristig gelingt. Bewunderung ist nichts, das sich einfach so einstellt – sie ist ein *Tun*. Die andere Person aktiv zu bewundern – sie nicht nur aufgrund dessen zu schätzen, was sie macht, sondern *wie sie ist* – ist wie Luft in einem Rettungsschlauchboot: Man schwimmt auf den Wellen, selbst wenn die See rau wird.

Warum haben Sie sich in Ihren Partner verliebt?

Denken Sie an den Anfang zurück, ob er nur Monate oder schon Jahre oder gar Jahrzehnte zurückliegt. Erinnern Sie sich an den Augenblick Ihrer ersten Begegnung. An den Moment, in dem Sie sich dachten: *Diesen Menschen möchte ich näher kennenlernen.* Den Moment, in dem Sie beschlossen haben, dass Sie auf lange Sicht zusammenbleiben und ein gemeinsames Leben aufbauen wollen. Welche Eigenschaften haben Sie anfangs zu ihm hingezogen? Was fanden Sie an diesem Menschen aufregend? Was haben Sie an ihm bewundert? Als Sie sich ein Leben mit ihm zusammen ausgemalt haben, was haben Sie da so an ihm geschätzt? Wer war er für Sie?

Wir könnten ein ganzes Buch mit den Anfangsgeschichten füllen, die wir im Lauf der Jahre zu hören bekommen haben: Es war der Klang ihres Lachens quer durch den Raum, der die laute Party übertönt hat – ihre Freude war ansteckend.

Es war die Art und Weise, wie er mit Kindern sprach, ehe wir eigene hatten – ich wusste, ich wollte mit ihm zusammen Kinder haben.

Sie war so authentisch und stand so furchtlos zu sich selbst. Es war ihr offenkundig egal, was andere von ihr dachten.

Es hat solchen Spaß gemacht, mit ihm zu reden. Bei unserer ersten Verabredung haben wir so lange geredet, dass sie uns am Ende aus dem Restaurant rauswerfen mussten.

Wenn wir nun dieselben Personen nach den Fehlern ihrer Partner befragen würden, wären sie sicherlich in der Lage, eine ellenlange Liste von Klagen zu präsentieren (viele der soeben angeführten Aussagen stammen sogar von Menschen, die bei uns in der Praxis saßen, weil sie – wie Molly und Caroline – eine sehr schwierige Zeit durchlebten). Niemand ist vollkommen. Jeder und jede von uns ist ein einzigartiges Bündel guter Eigenschaften und … na ja, weniger guter Eigenschaften. Das macht uns menschlich. Und offen gestanden ist es auch das, was uns liebenswert macht – wir lieben einander *wegen* unserer Eigenheiten, nicht *obwohl* wir sie haben. Aber wenn man zusammenlebt, gemeinsam Kinder großzieht, vielleicht sogar noch zusammen arbeitet (wie wir es die letzten 33 Jahre getan haben!) und versucht, sich dabei im chaotischen Durcheinander des Lebens über Wasser zu halten, kann es schwer sein, sich daran zu erinnern. Wenn einer der beiden regelmäßig vergisst, die nasse Wäsche in den Trockner umzupacken, ehe sie anfängt zu schimmeln, oder der andere einfach nicht merkt, dass das Badezimmer allmählich in einen erschreckenden Zustand von Verwahrlosung gerät, kommt einem das unter Umständen nicht mehr gar so liebenswert vor.

Wie wir im letzten Kapitel besprochen haben, finden wir *eine Menge* aneinander auszusetzen, wenn wir anfangen, einander mit einer negativen Sichtweise zu betrachten. Diese Negativität macht auch nicht beim *Handeln* des anderen halt, bei dem, was er oder sie richtig oder falsch macht. Sie kann Ihr Denken über ihn oder sie als ganze Person infizieren. Aus »Er wäscht nie das Auto« wird »Er ist faul und schlampig«. Aus »Sie geht meiner Mutter aus dem Weg« wird »Sie ist unsozial und urteilt immer so schnell«. Diese Art, übereinander zu denken, öffnet sperrangelweit die Tür für die Beziehungskiller, die wir als »die vier apokalyptischen Reiter« bezeichnen: Kritik, Rechtfertigung, Mauern und – der vielleicht destruktivste Faktor – *Verachtung*. Verachtung, die aus einem Muster von negativem Denken über den Partner oder die Partnerin und ständiger Kritik an ihm oder ihr erwächst, ist ein tödliches Gift für eine Beziehung. Sie ist der Vorhersagefaktor Nummer eins für eine Scheidung.[2] Sie wirkt sich auch auf die seelische Gesundheit beider Partner aus.[3] Und sie kann Sie buchstäblich krank machen: Studien haben gezeigt, dass Ehepartner, die verächtliche Kommentare des anderen zu hören bekamen, im Jahr darauf wesentlich anfälliger für Erkältungen, Grippe und andere Infektionskrankheiten waren.[4]

Und die gute Nachricht? Es gibt dafür ein Gegenmittel. Wir haben mehr Kontrolle darüber, wie wir einander wahrnehmen, als wir vielleicht denken, selbst in schweren Zeiten, bei Stress, Rückschlägen, Meinungsverschiedenheiten oder Phasen ohne innere Verbindung. Wie wenn wir nach dem Positiven statt dem Negativen Ausschau halten (wie im letzten Kapitel besprochen), ist auch das eine Denkgewohnheit, die wir einfach dadurch kultivieren können, dass wir sie im Kleinen täglich üben.

Die Meister und Meisterinnen der Liebe haben nicht weniger Fehler als alle anderen. Sie segeln nicht durchs Leben, ohne jemals auf Herausforderungen zu stoßen oder in Konflikte zu geraten; auch sie sind manchmal davon genervt, wie ihr Partner oder ihre Partnerin kaut, oder frustriert, dass er oder sie nicht besser mit Geld umgehen kann. Sie haben ebenso viele Fehler und Schwächen wie wir alle. Aber sie sind *hervorragend* darin, die angeborenen guten Eigenschaften ihres Partners zu sehen. Sie haben in hohem Maße die Fähigkeit, das, was sie an ihrem oder ihrer Liebsten bewundern, ganz vorne im Kopf zu behalten. Und das wird dann zu einem undurchdringlichen Schutzschild gegen die Kräfte, die eine Beziehung zerstören.

Die mathematische Gleichung für das Gelingen oder Scheitern Ihrer Liebe

Wir verraten Ihnen jetzt ein statistisches Ergebnis aus dem Love Lab, das jeder kennen sollte: *fünf zu eins.*

Das ist das Verhältnis von positiven zu negativen Interaktionen, das *während eines Konflikts* erforderlich ist, um die Liebe auf Dauer lebendig zu halten. Für jede einzelne negative Interaktion brauchen Sie fünf positive zur Wiedergutmachung.

Das haben wir bei einer unserer ersten Langzeitstudien im Love Lab herausgefunden: Wenn die Paare kamen, ließen wir sie Platz nehmen, warteten, bis sie es sich bequem gemacht hatten, und gaben ihnen dann 15 Minuten Zeit, um eine Meinungsverschiedenheit auszutragen, während wir uns zurücklehnten und zuschauten. Später studierten wir haarklein die Aufzeichnungen und Transkripte, protokollierten jede kleine Bewegung und ordneten sie einer Kategorie zu – ein Lächeln, ein Späßchen, eine Berührung der Hand des Gegenübers, das Ausdrücken von Mitgefühl und Interesse, Zustimmung mit

»Ich verstehe«, Kopfnicken, freundliche Worte: All das waren *positive* Signale. Eine hässliche Bemerkung, das Erheben der Stimme, anfauchen, kritisieren, Vorwürfe machen, sich gleichgültig verhalten: Das waren *negative* Signale.

Wir beobachteten die Paare, zeichneten die Daten auf und entließen die Paare wieder in die Freiheit. Sechs Jahre später kontaktierten wir sie erneut. Und siehe da: Die Paare, die während des Konflikts ein Verhältnis von *mindestens* fünf zu eins (oder mehr!) von positiven zu negativen Signalen erreicht hatten, waren noch immer glücklich vereint und spürten, dass sie sich liebten.[5]

Negativität wird bei Konflikten auftauchen. Diese Paare waren nicht vollkommen. Und das ist auch in Ordnung – wir sind alle nur Menschen. Wir machen alle Fehler und lassen alles Mögliche an denen aus, die uns am nächsten stehen. Wir können unfair sein. Wir verlieren das Augenmaß. Wir verlieren uns in der Hitze des Gefechts. Wir sagen etwas, das wir gar nicht meinen, oder sagen etwas auf eine Weise, die uns hinterher leidtut. Und wir müssen auch nicht emotionslos oder nur höflich sein oder Gespräche meiden, in denen es zur Sache geht. Aber wir müssen auf unser »Messgerät« für Positivität achten und dafür sorgen, dass wir genügend positive Signale eingeben. Negativität kann ein sehr starkes Gift sein. Negativität hat eine weit größere Macht, Schaden anzurichten und Schmerz zu verursachen, als Positivität heilen und Sie näher zusammenbringen kann. Aus diesem Grund brauchen wir während eines Konflikts *fünfmal so viele* positive Signale wie negative. Aber Sie müssen wissen: Sie *können* den Kampf gegen die Negativität gewinnen. Sie können Ihr Glas, wenn ein Tropfen Negativität hineinfällt, mit positiven Interaktionen »auffüllen«, damit der Tropfen stark verdünnt wird. Dann verliert das Gift seine Wirksamkeit.

Jetzt noch ein wichtiger Hinweis – wir haben bisher über das Minimalverhältnis von positiven zu negativen Interaktionen *während eines Konflikts* gesprochen. Und wie sieht es in der übrigen Zeit aus?

Das Verhältnis schnellt hoch … auf *zwanzig zu eins*.

An einem typischen Tag im Alltagsleben, an dem Sie und Ihr Partner oder Ihre Partnerin Ihre Aufgaben erledigen – Essen kochen, sich die Hausarbeit teilen, Ihre Kinder betreuen, über den Tag plaudern –, brauchen Sie mindestens *zwanzig* positive Interaktionen für jede negative. Die Meister und Meisterinnen der Liebeskunst erzielten dieses Verhältnis von zwanzig zu eins oder gingen noch darüber hinaus. Bei den Paaren, die unglücklich waren oder auf eine Scheidung zusteuerten, verschob sich das Verhältnis; die Anzahl der negativen Interaktionen ging steil in die Höhe.[6]

Und warum geschieht das? Weil uns oft genug nicht einmal bewusst ist, was für eine negative Wirkung wir auf unsere Partner und Partnerinnen haben.

Entspricht Ihre *Absicht* Ihrer *Wirkung*?

Zu den ersten Hilfsmitteln, die wir zur »Codierung« von Interaktionen zwischen Paaren benutzten, um Verhaltensmuster zu finden, die unglückliche Paare von glücklichen unterscheiden, gehörte der sogenannte Gesprächstisch. John und Robert Levenson (Johns erster Forschungspartner) konstruierten ihn schon früher, ehe wir das Love Lab in Seattle einrichteten, als sie noch ganz am Anfang ihrer Arbeit waren und nach mathematischen Mustern im Liebesleben von Menschen Ausschau hielten. Der Tisch sah ulkig aus, war auf beiden Seiten abgewinkelt und hatte auf allen Seiten Knöpfe, als wollte man mit seinem Partner ein Videospiel machen. Wären Sie zusammen mit Ihrem Partner oder Ihrer Partnerin als Studienteilnehmer in dieses erste Labor gekommen, hätten Sie Folgendes erlebt:

Sie setzen sich an den Tisch, je eine Person auf einer der beiden Seiten, und wir bringen Sie dazu, eine Unterhaltung zu beginnen. Dafür stellen wir Ihnen Fragen, wie etwa: *In welchem Bereich haben Sie die größten anhaltenden Meinungsverschiedenheiten?* Dann fordern wir Sie auf, an einer Lösung zu arbeiten … und schauen, was passiert.

Sie sind allein im Raum, aber wir beobachten Sie von einem Nebenraum aus – Kameras, die direkt auf Ihre Gesichter gerichtet sind, fangen jeden noch so flüchtigen Gesichtsausdruck ein, und wir schauen auf einem geteilten Bildschirm zu.

Vor jedem von Ihnen gibt es zwei Reihen von Knöpfen: eine Reihe für *Absicht*, die andere Reihe für *Wirkung*. In jeder Reihe sind fünf Knöpfe, mit einer Skala von positiv bis negativ, wobei »neutral« in der Mitte ist – stellen Sie sich dafür ein Online-Feedback über irgendein Einkaufserlebnis vor, bei dem die Knöpfe von »schlecht« bis »wunderbar« reichen, mit einigen wenigen Optionen dazwischen. Bei uns sprechen Sie abwechselnd, und wenn Sie an der Reihe sind, leuchtet auf Ihrer Seite des Tischs ein Lämpchen auf. Sind Sie fertig, legen Sie einen Schalter um und erteilen damit Ihrem Gegenüber das Wort. Jedes Mal, wenn Sie den Stab weitergeben, beurteilt ein jeder von Ihnen, wie Sie diesen kleinen Gesprächsausschnitt empfunden haben. Waren Sie mit dem Sprechen dran, drücken Sie den Knopf in der »Absichtsreihe«, die dem entspricht, was Sie

Ihrem Gegenüber mit Ihrem Beitrag vermitteln wollten. Gleichzeitig drückt Ihr Gegenüber den Knopf in der »Wirkungsreihe«, der am besten trifft, wie es sich als Reaktion auf Ihre Worte gefühlt hat. Wir wollten wissen: Erzielen die Leute die Wirkung, die sie beabsichtigt haben?

Als wir Paare für dieses Experiment suchten, wollten wir sicherstellen, dass wir einen wirklich guten Vergleich zwischen den Gewohnheiten glücklicher und unglücklicher Paare bekamen. Wir wollten etwas Stichhaltiges über *hervorragende* Beziehungen sagen und zeigen können, wie sie sich von der Mehrheit unterscheiden. Also wählten wir eine Stichprobe aus, die an den äußersten Enden des Spektrums angesiedelt war: Wir suchten uns Paare aus, die entweder sehr glücklich oder sehr unglücklich waren – nichts dazwischen, was unseren Daten die Trennschärfe genommen hätte.

Dabei hatten wir zwei Fragen im Auge: Gab es eine Diskrepanz zwischen *Absicht* und *Wirkung*? Und hatten die Menschen tatsächlich die Wirkung aufeinander, die sie eigentlich haben wollten?

Hier ist unser Ergebnis: Die Absichten spielten keine Rolle! Alle hatten gute Absichten, auch wenn ihr Verhalten wütend und feindselig war. Die Absicht hatte keinerlei Bedeutung, die Wirkung war alles. Und der Unterschied zwischen den extrem unglücklichen und den sehr glücklichen Paaren ließ sich letztlich auf einen einzigen, einfachen Punkt eindampfen: Die glücklichen Paare sprachen freundlicher miteinander – sie gingen behutsamer miteinander um, übten keine Kritik, legten keine Verachtung und keinen Sarkasmus an den Tag. Und es gab eine *Dosis-Wirkungs-Beziehung*, das heißt, je freundlicher sie miteinander umgingen, desto besser war das Ergebnis.

Nun gab es aber nicht nur ein einziges Profil für die Art von Paar, das glücklich sein und auf lange Sicht zusammenbleiben würde. Tolstoi hat geschrieben: »Alle glücklichen Familien gleichen einander, jede unglückliche Familie ist auf ihre eigene Weise unglücklich.« Allerdings hat sich herausgestellt, dass Tolstoi damit leider wissenschaftlich falschlag. Manche Paare mit einer erfüllten Beziehung waren sehr emotional, andere überhaupt nicht gefühlsbetont. Manche waren ausgesprochen expressiv und sogar sprunghaft, andere glichen dem strengen Paar mit Pokergesichtern auf dem berühmten Gemälde *American Gothic* von Grant Wood. Unveränderlich war einzig das Verhältnis von positiven zu negativen Interaktionen. Die glücklichen Paare waren positiver und empathischer. Noch einmal: Alle hatten gute *Absichten* – aber nur bei glücklichen Paaren entsprach die Wirkung auch der Absicht.[7]

Wir führten die Studie noch ein zweites Mal durch, diesmal mit einer anderen demografischen Stichprobe: Bei der ersten Studie hatten wir College- und Graduiertenstudenten als Teilnehmer gehabt, deshalb gingen wir bei der zweiten in eine ländliche Gemeinde in Indiana. Aber dennoch waren die Ergebnisse im Wesentlichen gleich – eine Abweichung ergab sich erst in der zweiten Dezimalstelle.[8] Es ist ziemlich verblüffend, wenn man ein so stabiles Ergebnis erzielt. Und wir konnten diese Erkenntnisse heranziehen, wenn wir Paare beobachteten, um vorherzusagen, ob sie zusammen glücklich werden würden oder nicht.

Wir wissen also, dass wir diese festgelegte Schwelle von positiven Interaktionen überschreiten müssen. Und wir wissen, dass unsere guten Absichten nicht immer ankommen. Was können wir da machen?

Entwickeln und üben Sie Mitgefühl

Im letzten Kapitel haben wir über den Schaden gesprochen, der entsteht, wenn Sie sich umschauen und nur das sehen, was falsch, unvollständig und unvollkommen ist. Jetzt nehmen Sie mal diese negative Sichtweise her und überlegen, wie oft Sie sie auf Ihren Partner oder Ihre Partnerin anwenden – nicht nur auf das, was er oder sie *tut* (oder nicht tut), sondern darauf, wie er oder sie *ist*.

Gestern haben wir den Schwerpunkt auf die Dankbarkeit und das Bedanken für ein ganz spezifisches Tun gelegt. Hier möchten wir jetzt über *Bewunderung* sprechen. Bei der Bewunderung geht es darum, dass Sie Ihren Partner oder Ihre Partnerin ganz grundsätzlich für sein oder ihr Sosein schätzen und bewundern, nicht für sein oder ihr Handeln. Zwar mag sich im Handeln zeigen, wer er oder sie ist, aber Bewunderung bezieht sich auf die Persönlichkeit, auf angeborene Fähigkeiten – vom äußerlich Sichtbaren (was für wunderschöne Augen!) bis hin zu den verborgenen Tiefen (Spiritualität, Optimismus, Liebesfähigkeit).

Wir möchten hier aber etwas sehr Wichtiges betonen: Es geht dabei *nicht* darum, eine »rosarote Brille« aufzusetzen. Das ist eine häufig benutzte Redewendung, aber wir verwenden sie nie. Sie deutet auf eine zu Unrecht positive Sichtweise hin, mit der wir uns selbst täuschen, und davon kann hier keine Rede sein. Wir sprechen davon, dass Sie Ihren Partner umfassend wahrnehmen, sich in seine wunderbaren Eigenschaften vertiefen und auch Mitgefühl mit seinen »dauerhaft verletzlichen Stellen« haben. Diesen Begriff hat der Psychologe und Forscher Thomas Bradbury von der UCLA als Bezeichnung für die Empfindlichkeiten geprägt, die wir mit der Zeit aufgrund unserer Lebenserfahrungen seit der Kindheit erworben haben. Diese dauerhaft verletzlichen Stellen sind häufig die tiefere Ursache von Eigenschaften, die unsere Partner nicht sonderlich an uns mögen (wie Unsicherheit, Angst, rasches Aufbrausen oder Abschalten, wo wir uns auf jemanden einstellen sollten), aber unser Zusammenleben klappt wesentlich besser, wenn wir ihren Ursprung verstehen.

In der Anfangszeit unserer Ehe hatten wir einmal einen Streit, der aus heiterem Himmel zu kommen schien. John fuhr eines Tages von der Arbeit nach Hause, und unterwegs fiel ihm plötzlich eine Frage ein, die ihn beunruhigte: *Haben wir eigentlich die Rechnung des Installateurs bezahlt?* Ihm ist es wichtig, dass wir die Handwerker, die wir beschäftigen, rasch bezahlen – er weiß, dass die Leute auf ihre Einkünfte angewiesen sind, und möchte immer alles zügig erledigt haben. Aber vielleicht hatte ja Julie den Scheck geschickt. Er ging ins Haus, legte Tasche und Mantel ab, kam ins Zimmer und sagte: »Sag mal, hast du den Installateur bezahlt?«

Die Wut in Julies Gesicht schockierte ihn. »Hast DU den Installateur bezahlt?« Sie stürmte hinaus.

John war baff. Er weiß noch, dass er damals dachte: *Habe ich eine Irre geheiratet?* Ihre Reaktion schien ihm völlig unverhältnismäßig für den Anlass. Sie waren noch nicht lange verheiratet, aber eines wusste er genau: bloß nicht lange brüten, sondern einfach zu ihr gehen und mit ihr reden. Als sie darüber sprachen, erzählte ihm Julie davon, wie sie als Kind von der Schule nach Hause gekommen war. Wenn sie zur Tür hereinkam, pflegte ihre Mutter immer zuerst etwas Kritisches zu sagen, ehe sie sie begrüßte: »Warst du mit *diesen Klamotten* in der Schule?« »Wo ist dein Geldbeutel? Hast du ihn *schon wieder* vergessen?«

Julie sagte zu John: »Wenn wir uns den ganzen Tag nicht gesehen haben, ist es mir wichtig, dass du wenigstens zuerst einmal Hallo sagst, dass du etwas Nettes sagst oder vielleicht fragst, wie mein Tag war.«

Als er das verstanden hatte, fiel es ihm leicht, sich danach zu richten.

Wenn John jetzt eine Weile von Julie getrennt war und sie wiedersieht, zeigt er ihr, dass er sich freut, sie zu sehen – dass er froh ist, dass es sie gibt.

Ihren Partner oder Ihre Partnerin zu bewundern ist mehr, als nur das Gute an ihm oder ihr zu sehen. (Auch das ist prima, und wir werden das gleich in der Übung tun.) Es geht auch darum, das Negative zu verstehen, mit dem er oder sie leben muss. Was wir an glücklichen, erfüllten Beziehungen sehen, ist, dass die Partner einander für all die wunderbaren Eigenschaften, die sie besitzen, ehrlich bewundern, und dass sie dort, wo die unvermeidlichen weniger wunderbaren Eigenschaften sichtbar werden, Mitgefühl für die dauerhaft verletzlichen Stellen des anderen aufbringen.

Manche Menschen haben schon schreckliche Dinge erlebt, die bei ihnen zu Verletzlichkeiten und Ängsten geführt haben, die es gelegentlich schwer machen, mit ihnen zu leben. Aber wer Menschen mit dieser Art von Geschichte im Hintergrund als Partner hat, muss sich vor Augen halten, dass diese Menschen, die sie lieben, Überlebende sind. Sie mussten an manchen Stellen ihres Lebens ungeheuer viel Mut aufbringen, um weiterzumachen. Und vielleicht sind sie manchmal reizbar, angespannt oder voller Angst. Aber sie haben überlebt, was sie durchstehen mussten, allerdings hat es vielleicht Narben hinterlassen.

Wenn Sie heute und an jedem anderen Tag Ihren Partner oder Ihre Partnerin anschauen, können Sie auf die Fehler blicken oder sich auf die Eigenschaften fokussieren, die ihn oder sie unverzichtbar, wunderbar und attraktiv für Sie machen. Sie haben die Wahl. Das Feuer einer dauerhaften Liebe zu schüren ist etwas *Aktives*. Falls Sie je ein Feuer angezündet haben, wissen Sie aus Erfahrung, was wir meinen – genau wie ein Feuer muss man eine Beziehung in Gang halten. Sie lassen es nicht einfach vor sich hin brennen und hoffen das Beste. Sie kümmern sich darum. Sie geben immer wieder Kleinholz hinein. Sie sorgen dafür, dass es Luft hat.

Dasselbe gilt auch für die Bewunderung – sie ist eine *Aktivität*. Dass wir uns immer wieder daran erinnern müssen, macht sie nicht weniger wertvoll oder echt. Die Meister und Meisterinnen der Liebe tun das. Die Liebe auf lange Sicht zu bewahren heißt, sich dafür zu *entscheiden*, zuerst einmal auf die besten Seiten unseres Partners oder unserer Partnerin zu blicken, statt auf die schlechtesten zu achten.

Wenn das bisher in Ihrer Beziehung gefehlt hat, ist *eine* mögliche Strategie, auf die Frage zurückzukommen, die wir Ihnen am Anfang dieses Kapitels gestellt haben: *Warum haben Sie sich in Ihren Partner oder Ihre Partnerin verliebt?* Über diese Frage nachzudenken kann ein erstaunlich guter Weg sein, neu zu beginnen und Dinge wieder aus einer anderen Perspektive zu sehen. Wenn Sie in Ihre gemeinsame Vergangenheit eintauchen und Erinnerungen ausgraben, die Spaß gemacht haben, die abenteuerlich waren, die von Verbundenheit zeugen, die sexy sind, kann das Ihre angeborene Fähigkeit wiederbeleben, sich all das Gute in Ihrer Beziehung vor Augen zu führen, statt es im Unsichtbaren zu lassen oder zu erlauben, dass der Kleinkram des Alltagslebens es unter sich begräbt.

Aber jetzt kommt es: Wenn Sie das nicht regelmäßig machen, kann es sein, dass die Vergangenheit nicht in Reichweite ist, wenn Sie auf sie zurückgreifen wollen. Fängt das Verhältnis erst einmal an, sich zum Schlechten zu wenden – wenn die Bewunderung verblasst und die negative Sichtweise einsetzt –, können sogar unsere Erinnerungen davon kontaminiert werden, wie eine Datei von einem Computervirus. Dann schleicht sich die *Verachtung* ein, die ein Beziehungskiller ist. Sie wird den grundlegenden »Code« Ihrer Beziehung infizieren. An den Beziehungen, die (leider) nicht mehr zu retten sind, sehen wir, dass sich die Partner selbst dann, wenn sie sich auf die Vergangenheit besinnen wollen, nicht mehr an die Dinge erinnern können, die sie einst aneinander geliebt und bewundert haben.

Aus diesem Grund verordnen wir auf unserem Rezept *kleine Dinge möglichst oft* – eine tägliche Mikro-Gewohnheit, sich an einen spezifischen Grund dafür zu erinnern, warum Sie Ihren Partner oder Ihre Partnerin lieben und bewundern, wird Sie in puncto lebenslanger Liebe meilenweit voranbringen. Ein Teil der Bewunderung besteht darin, zu *schätzen*, was Sie an diesem Menschen haben, seine positiven Eigenschaften gedanklich hervorzuheben und die negativen zu minimieren. Das ist etwas, was Sie jederzeit machen können, selbst für ein paar Minuten. Darüber nachzudenken, was Sie an Ihrem Partner mögen und warum niemand auf der Welt ihn wirklich ersetzen könnte, entfaltet eine unglaublich starke Kraft. Und Sie können die Wirkung dieser Kraft noch verdoppeln, wenn Sie Ihren Partner wissen lassen, was Sie an ihm so schätzen.

Die Fähigkeit, Ihren Partner oder Ihre Partnerin zu bewundern, ist für Ihre Beziehung wie eine kugelsichere Panzerung. Verachtung ist zersetzend – wenn sie in eine Beziehung eindringt, kann sie sich rasch durch alles Gute in einer Ehe oder Partnerschaft hindurchfressen wie Rost durch Eisen, ganz gleich, wie stark und fest sie einst war. Bewunderung ist ein mächtiger Schutz, der sicherstellt, dass Verachtung niemals auch nur einen Fußbreit Boden gewinnt.

Die positive Perspektive: Das mächtigste Gegenmittel, das es gibt

Es ist quantifizierbar: Sie brauchen im Alltag ungefähr zwanzigmal so viel Positivität, wie es Negativität zwischen Ihnen und Ihrem Partner oder Ihrer Partnerin gibt. Ein erstaunlich wirksamer Weg, Positivität zu erzeugen, ist, Ihren Partner zu bewundern und das auch laut auszusprechen. An einem prallvollen Tag kann es passieren, dass einem das wirklich Wichtige im Leben durchrutscht – nehmen Sie sich also einen Augenblick Zeit, um diesen Menschen zu betrachten, mit dem Sie durchs Leben gehen, und sich zu erinnern: *Wie gerne mag ich das doch, wie sie jeden Tag nach Hause kommt und schon darauf brennt, mir von ihrer Arbeit zu erzählen.* Lassen Sie solche Gedanken und Gefühle nicht einfach kommen und gehen, ohne sie Ihrem Gegenüber mitzuteilen. Halten Sie sie fest, reichen Sie sie weiter wie ein kleines Geschenk. Es ist auch für Sie ein Geschenk.

Zuneigung, Respekt und Freundschaft sind die Grundlage von allem anderen in einer Ehe oder in jeglicher Langzeitbeziehung, angefangen bei der Frage, wie leidenschaftlich Ihr Sexleben ist, bis hin zu der Überlegung, wie Sie eine heikle

Diskussion über Finanzen effektiv lenken können. Aber das Gute fällt nicht einfach vom Himmel. Es erwächst aus einer Absicht. Aus dem Handeln. Aus einer Entscheidung. Sie entscheiden sich jeden Tag, diese kleinen Dinge zu tun, die Ihr emotionales Bankkonto auffüllen. Sie nehmen sich die Zeit für eine Nachfrage. Sie bleiben neugierig: *Was weiß ich nicht über sie? Wie war sein Tag?* Sie halten Ausschau nach Kontaktangeboten und reagieren mit Zuwendung, sooft Sie können, denn jetzt wissen Sie, dass selbst noch die flüchtigsten Antworten – ein Lächeln, ein ermutigender Satz, eine weiterführende Frage, die den anderen wissen lässt: *Ich höre dir zu, es ist mir wichtig, was du sagst* – Einzahlungen in die Bank sind. Sie erziehen Ihr quirliges menschliches Gehirn so um, dass es nach dem Positiven Ausschau hält statt nach dem Negativen, programmieren Ihre Neuronen so um, dass sie registrieren, was *richtig* ist, und nicht mehr, was *falsch* ist, was wiederum Folgewirkungen für Ihr ganzes Gehirn, Ihren Körper, Ihre Beziehung und Ihr Lebensgefühl hat. Und Sie machen es zu einer Ihrer obersten Prioritäten, die Dinge ganz vorne im Kopf zu behalten, die Sie an Ihrem Partner oder Ihrer Partnerin bewundern. Nicht nur das, was er oder sie für Sie *tut*, sondern das, was er oder sie im Wesenskern *ist*.

Die Übung für den heutigen Tag

MACHEN SIE IHREM PARTNER ODER IHRER PARTNERIN EIN VON HERZEN KOMMENDES KOMPLIMENT

Was Sie heute zu tun haben, ist unverzichtbar, ganz gleich, ob Sie schon eine blühende Kultur gegenseitiger Bewunderung haben oder ob Ihre Beziehung weitreichende Wiederherstellungsmaßnahmen benötigt. Wenn Sie bei Ersterem schon gut unterwegs sind: *wunderbar*. Legen Sie immer fleißig nach, damit das Feuer hell brennt.

Manchen Paaren (und falls das auch auf Sie zutrifft, sind Sie nicht allein) erscheinen Zuneigung und Bewunderung wie ferne Erinnerungen. Das heißt nicht, dass sie nicht immer noch vorhanden sind und nur darauf warten, wieder zum Leben erweckt zu werden. Bewunderung wieder aufleben zu lassen ist nicht kompliziert. Sie haben sich in diesen Menschen verliebt und sich verbindlich auf ihn eingelassen; Sie wenden sich diesem Buch mit dem Wunsch zu, dass diese Liebe weiterlebt. Sie haben positive Gefühle in sich. Wenn Sie über sie nachdenken und über sie sprechen, wird sie das schneller und lebendiger wiedererwecken, als Sie sich vielleicht vorstellen können. Eine Pflanze, die vor sich hin kümmert, braucht oft nur einen Spritzer Wasser, um sich wieder aufzurichten und der Sonne entgegenzurecken. Hier bewirkt wenig schon eine ganze Menge.

Die heutige Übung hat drei Teile:

Schritt eins: Wenn Sie Ihren Partner oder Ihre Partnerin mit Worten porträtieren sollten, welche Eigenschaften würden Sie dann wählen? Machen Sie einen Kreis um drei bis fünf Begriffe:
warmherzig / witzig / großzügig / ruhig / kreativ / leidenschaftlich / intensiv / lebhaft / umsichtig / spontan / abenteuerlustig / lebenslustig / verspielt / schlau / scharfsinnig / fürsorglich / sexy / intelligent / begabt / zärtlich / kompetent / charmant / klug / liebevoll / rücksichtsvoll / attraktiv / zuverlässig / flexibel / hilfsbereit / neugierig / interessant / freundlich / mutig / offen / umgänglich / sensibel

Schritt zwei: Wenn Sie heute zusammen sind, achten Sie darauf, in welcher Weise Ihr Partner die Eigenschaften verkörpert, die Sie gerade eingekreist haben. Wie schon gestern beobachten Sie Ihren Partner oder Ihre Partnerin aufmerksam, wenn Sie mit ihm oder ihr zusammen sind. Registrieren Sie, wann er oder sie diese Eigenschaften an den Tag legt, die Sie lieben und schätzen. Und dann …

Schritt drei: Drücken Sie es aus!
Wie oft teilen Sie Ihrem Partner oder Ihrer Partnerin mit, welche ganz entscheidenden, zentralen Dinge Sie an ihm oder ihr schätzen und lieben? Machen Sie das öfter, denn jedes einzelne Mal zählt!

Klippen umschiffen

Sie haben heute nicht viel Zeit, einander zu beobachten?
Schauen Sie sich die Begriffe an, die Sie oben eingekreist haben, und erinnern Sie sich an eine Gelegenheit, bei der Ihr Partner oder Ihre Partnerin eine dieser Eigenschaften an den Tag gelegt hat. Das Beispiel kann von gestern sein oder zehn Jahre zurückliegen. Es kann etwas Riesengroßes sein (*Du hast mich unterstützt, als du mit mir ans andere Ende des Landes gezogen bist, damit ich meinen Traumjob bekam*) oder etwas Kleines (*Du hast in diesen Jeans, die du gestern anhattest, wirklich sexy ausgesehen!*). Schauen Sie, ob Sie ein spezifisches Beispiel für alle drei bis fünf Dinge finden. Dann sagen Sie einander, welche Erinnerungen Ihnen in den Sinn gekommen sind. Sie sind vielleicht überrascht, welche Dinge Ihr Partner oder Ihre Partnerin an Ihnen wahrnimmt und schätzt, und auch er oder sie kann umgekehrt staunen.

Haben Sie Scheu oder fühlen sich befangen?
Schreiben Sie es auf! Machen Sie die obige Übung (nehmen Sie die drei bis fünf Begriffe, um die Sie einen Kreis gezogen haben, denken Sie an Gelegenheiten, die diese Eigenschaften illustrieren) und notieren Sie Ihre Einfälle wie einen Tagebucheintrag. Formulieren Sie sie wie einen Brief, den Sie an Ihren Partner oder Ihre Partnerin schreiben. *Du hast mir gezeigt, wie loyal du bist, als du … Wie abenteuerlustig du bist, habe ich zum ersten Mal erkannt, als du …*

Wenn Sie damit fertig sind, lesen Sie Ihrem Partner oder Ihrer Partnerin Ihre Liste vor – laut! Wenn wir diese Übung mit Paaren in Workshops machen, ist es erstaunlich, welche Veränderung im Raum spürbar wird. Sie ist unwiderstehlich. Die Leute fangen an zu lächeln und zu lachen. Menschen, die zögerlich oder befangen ankamen, entspannen sich und tauen auf. Die Körpersprache zwischen Paaren verändert sich merklich. Selbst bei Leuten, die unglücklich und voller Sorgen herkamen, kann man wieder sehen: Hier blitzt ein Funke auf.

TAG 5

BITTEN SIE UM DAS, WAS SIE BRAUCHEN

Jake war ärgerlich und enttäuscht. Es war Wochen her, seit er und seine Partnerin Miriam gemeinsam zu Abend gegessen hatten. Und schon wieder war es spät, und sie war immer noch bei der Arbeit. Sie hatte eine Nachricht geschickt, wie schon an so vielen Abenden, dass sie es nicht zum Essen nach Hause schaffen würde. *Iss schon mal ohne mich, Schatz*, hatte sie eingetippt, *bei mir wird es heute Abend spät im Atelier!*

Er verstand. Jedenfalls *hatte* er bis vor Kurzem verstanden. Miriam war Künstlerin, machte Mixed-Media-Skulpturen und hatte gerade einen großen Durchbruch erzielt: Ihre Arbeiten sollten in der Galerie der Universität ausgestellt werden, an der sie unterrichtete. Sie arbeitete unermüdlich, um rechtzeitig zur Ausstellung alles fertig zu haben. Aber es dauerte noch Monate bis zur Eröffnung. Gleichzeitig hatte auch Jake eine Menge zu bewältigen. Nachdem er jahrelang im Bereich des Landnutzungsrechts für eine Firma gearbeitet hatte, die jede freie Minute seiner Zeit in Anspruch nahm, hatte er sein eigenes Unternehmen mit Sitz in seinem Wohnzimmer gegründet. Er liebte es, sein eigener Herr zu sein. Es gab noch eine Menge zu tun, und er musste jetzt auch alles selbst machen, aber er bestimmte wieder frei über seine Zeit. An schönen Tagen konnte er eine Radtour machen, wenn er wollte, und die Stunden am späten Abend wieder hereinholen. Das war prima. Aber in letzter Zeit fühlte er sich einsam – Miriam war nie da, ganz gleich, wann er sich seine Freizeit nahm. Sie hatte ihn immer unterstützt, in all den Jahren, in denen er unsäglich viel arbeiten und seinen Verpflichtungen nachkommen musste, und er wollte sie jetzt, da sie im entscheidenden Moment ihrer Karriere war, ebenso unterstützen. Aber allein in der letzten Woche hatte sie ihn mehrmals abblitzen lassen, als er sie gebeten hatte, ihm etwas Zeit zu schenken, und allmählich bekam er das Gefühl, er sei der letzte Punkt auf ihrer To-do-Liste. Sie waren beide engagierte, ehrgeizige Menschen und immer stolz darauf gewesen, wie sehr sie einander beruflich gestärkt hatten, wie verständnisvoll sie sich darauf eingestellt hatten, wenn der andere sich mächtig ins Zeug legen musste. Aber bisher hatte es sich immer so angefühlt, als käme die Beziehung zuerst. Und so fühlte es sich jetzt nicht mehr an. Vielleicht war er gar nicht so wichtig für sie, wie er dachte. Vielleicht brauchte sie ihre Ehe nicht mehr, wenn sie jetzt einen solchen beruflichen Aufstieg vor sich hatte.

Als Miriam dann schließlich sehr spät nach Hause kam, war Jake bis zum Zerreißen angespannt.

»Weißt du, du hättest dir heute Abend ja zur Abwechslung mal eine Stunde freinehmen können«, sagte Jake. »Ich hatte mich so auf das Abendessen gefreut. Ich bin extra losgegangen und habe dein Lieblingsgericht besorgt – gedämpfte Venusmuscheln.«

»Ach ja?«, sagte Miriam überrascht. »Davon hatte ich keine

Ahnung. Wir haben uns doch sonst in letzter Zeit meistens etwas Fertiges von unterwegs mitgenommen, weil wir beide so viel zu tun hatten.«

»Ich habe dich gestern gefragt, ob du zum Abendessen nach Hause kommen willst, und du hast Ja gesagt.«

»Ja, ich habe natürlich gesagt, ich *wollte* das gerne! Ich dachte, wenn ich heute Nachmittag nach dem Unterricht genug auf die Reihe bekomme, dann könnte ich das. Ich schaffe das im Moment einfach nicht, Jake. Ich habe noch so viel zu tun für die Eröffnung. Ich bin hinten und vorne noch nicht fertig. Ich dachte, das verstehst du. Ich dachte, wir würden da an einem Strang ziehen.«

»Okay, ich weiß. Das begreife ich. Ich dachte einfach nur, wenn ich dich *einmal* in einem ganzen Monat einlade, mit mir zusammen zu Abend zu essen, dann würdest du auch kommen. Falls dir unsere Beziehung noch wichtig ist.«

»*Natürlich* ist mir unsere Beziehung noch wichtig! Woher kommt das denn jetzt um Himmels willen?«

Pause. Was ist hier das Problem? Durchleuchten wir diesen Streit einmal. Miriam denkt, sie würden beide »an einem Strang ziehen« und in einer Phase stecken, in der es heißt: »Nur Arbeit, kein Spiel.« Jake denkt, er hätte Miriam zu einem Date-Abend mit Dinner eingeladen und sie hätte ihn abblitzen lassen. Würden wir zum Abend vorher zurückspulen, würden wir Folgendes sehen: Miriam packt eine Tasche für den langen Tag, der vor ihr liegt, und Jake berichtet davon, wie es in der neuen Kanzlei in »Jakes und Miriams Wohnzimmer« läuft (er zerbricht sich noch immer den Kopf über einen passenden Namen für sein neues Unternehmen) – sie läuft prima, aber es fehlt ihm etwas. Früher haben sie sich nach einem langen Tag in ihren jeweiligen Büros immer zum Abendessen in verschiedenen Restaurants in der Stadt getroffen. Das war eine wunderbare Art und Weise, den Tag zu beschließen – er hatte immer das Gefühl, er könne das Büro völlig hinter sich lassen, wenn er eine gut besuchte Bar betrat und Miriam mit zwei Gläsern Wein vor sich dort sitzen und auf ihn warten sah.

»Es wäre schön, das mal wieder zu machen«, sagte er.

»Ja, finde ich auch«, antwortete Miriam.

»Vielleicht könnten wir morgen Abend etwas machen«, sagte Jake. »Wir könnten zu Hause bleiben, und ich koche!«

»Ist gut, vielleicht!«, antwortete Miriam.

Am nächsten Morgen bittet sie beim Abschied: »Schick mir später eine SMS, ich muss jetzt schnell los.«

Sie küsst ihn und ist schon aus der Tür.

Bei dieser Interaktion führen Jake und Miriam zwei vollkommen getrennte Gespräche. Es ist beinahe, als würden sie zwei verschiedene Sprachen sprechen – jeder denkt, er verstünde den anderen, aber die eigentliche Bedeutung geht verloren. Jake glaubt, er hätte sich deutlich ausgedrückt: Er vermisst die gemeinsamen Abendessen im Restaurant, zu denen sie sich häufig getroffen haben, ehe sich ihr Leben geändert hat. Diese ausschließlich für sie beide reservierte Zeit war für ihn unschätzbar. Er braucht sie und fühlt sich ohne sie nicht mehr mit Miriam in Kontakt. Er weiß, dass ihre Arbeit wichtig ist (seine auch!), und sie haben beide mehr zu tun als je zuvor, aber er braucht, dass sie hin und wieder eine Stunde Zeit nur für ihn findet, damit er nicht das Gefühl hat, sie wären wie zwei Boote, die von einer starken Strömung voneinander weggetrieben werden. Vielleicht wäre es ja sogar für beide hilfreich, sich diese Zeit zu nehmen, auch wenn sie Arbeitszeit kostet.

Miteinander über die Projekte zu reden, die sie mit Leidenschaft verfolgten, war immer ein Weg für sie, sich nicht nur eng miteinander zu verbinden, sondern sich auch gegenseitig bei ihren Vorhaben zu unterstützen.

Das Problem ist, dass Jake Miriam nicht wirklich darum *gebeten* hat.

Ihr Partner oder Ihre Partnerin kann nicht Gedanken lesen. Das wissen wir alle. Und doch sehen wir bei soundso vielen Paaren, dass sie sich verhalten, als könnte der oder die andere das. Wir möchten, dass unsere Partner kleine Andeutungen und Signale auffangen, die unsere Wünsche und Bedürfnisse verraten – oder sie einfach wissen und kennen. Jake machte fast eine Million Andeutungen, die Miriam darauf hinweisen sollten, wie dringend sein Wunsch war, Zeit mit ihr zu verbringen. Aber seine eigentliche Bitte dazu klang eher beiläufig und spontan. *Vielleicht könnten wir morgen Abend etwas machen.* Dann hörte er ihr »Ist gut«, aber nicht ihr »vielleicht«.

Miriam begriff gar nicht, worum sie hier gebeten wurde. Und hat Jakes Wunsch nicht erfüllt. Als sie dann nicht rechtzeitig kam, fühlte er sich verletzt, ignoriert und voller Groll. Die einzige Erklärung, die ihm dazu einfiel, war, dass ihr an ihm nicht so viel lag wie an ihrer Arbeit. Und sie war überrascht und ärgerte sich, als er sich darüber aufregte, dass sie nicht erschienen war. Schließlich hatte sie sich zu nichts verpflichtet. Sie hatte nur gesagt: »Vielleicht.« Wenn er sein Bedürfnis klarer ausgedrückt hätte, hätte sie vielleicht auch eindeutiger antworten können.

Wenn Sie dasitzen und darüber brüten, was Ihr Partner oder Ihre Partnerin alles nicht tut, kann das der Samen für einen Groll sein, der später wie Unkraut wuchert. Groll ist schwer auszumerzen, wenn er sich erst einmal überall breitgemacht hat – es ist viel schwerer, ihn nachträglich wieder auszureißen, als ihn von vornherein daran zu hindern, Wurzeln zu schlagen. Aber das Gegenmittel ist in beiden Fällen dasselbe: Sie müssen Ihrem Partner oder Ihrer Partnerin sagen, was Sie brauchen und möchten. Aber um das zu bitten, was Sie brauchen, ist nicht immer leicht.

Warum fühlt sich das so schwer an?

Man hat uns beigebracht, dass Bedürfnisse schlecht sind. Bedürfnisse zu haben stellt eine Schwäche dar. Wir wurden sozial darauf konditioniert, unsere Bedürfnisse nicht anzuerkennen und sie selbst dann, wenn wir es tun, nicht laut zu verkünden. Frauen bekommen zu hören: *Verlange nicht zu viel.* Männern schärft man ein: *Du solltest hart und stark sein und KEINE Bedürfnisse haben.* Diese kulturellen Botschaften haben ihre Wurzeln in dem, was uns als attraktiv und akzeptabel nahegebracht wird, was weiblich und was männlich ist und was wir – je nach unserem Geschlecht – verkörpern sollen.

So heftig wir uns auch gegen diese Klischees zur Wehr setzen mögen, haben sie doch auch heute noch Macht über uns. Wir sind umgeben von diesem kulturellen Milieu und nehmen einen Teil seiner Botschaften auf, ganz gleich, wie sehr wir uns darum bemühen, uns von ihnen zu befreien. Frauen wurden dazu erzogen, die emotional Nährenden zu sein – die Bedürfnisse anderer zu erfüllen. Aber was geschieht mit ihren Bedürfnissen? Männer wurden dazu erzogen, Ernährer zu sein – stark zu sein, keine Hilfe zu brauchen. Aber was geschieht mit ihren Bedürfnissen?

Viele von uns haben erlebt, dass unsere Bedürfnisse oder Bitten schon früh im Leben ignoriert wurden, ganz gleich, welchem Geschlecht wir angehören, und das hat uns zu dem Glauben gebracht, unsere Bedürfnisse seien nicht wichtig oder berechtigt. Daher gehen wir alle mit diesen untergründigen Bedürfnissen und Wünschen durchs Leben und unterdrücken sie, anstatt sie auszudrücken. Der Haken dabei ist, dass sie durchaus Wege finden, ihre flauschigen Köpfchen zu recken, sosehr wir uns auch bemühen mögen, sie unten zu halten. Sie werden unsere Emotionen prägen und unser Denken einschränken. Sie werden unser Handeln auf eine Art und Weise beeinflussen, die uns vielleicht gar nicht bewusst ist. Unterdrückte Bedürfnisse können sich plötzlich in Groll und Streitigkeiten Luft machen, wenn ein unerfülltes Bedürfnis einfach so groß wird, dass wir es nicht mehr in uns drinnen halten können – wie wir bei Jake und Miriam gesehen haben.

Wir schleichen auf Zehenspitzen um unsere Bedürfnisse herum, statt sie geradeheraus zu äußern, weil sich das sicherer anfühlt. Es kann an den Nerven zehren, so verletzlich zu sein – selbst gegenüber dem eigenen Partner oder der eigenen Partnerin. Es kann sich beängstigend anfühlen. Wenn Sie jemanden um etwas bitten, besteht immer die Möglichkeit, dass er Nein sagt. An irgendeinem Punkt unseres Lebens sind wir alle schon einmal abgeschmettert worden. Und das kann sich verdammt mies anfühlen. Es kann verletzend und demütigend sein, zu sagen, was Sie brauchen oder mochten, und dann abgewiesen zu werden. Wir tun alles, um dieses Gefühl zu vermeiden – bis dahin, dass wir es vermeiden, unseren Partner oder unsere Partnerin um die einfachsten Dinge zu bitten: *Ich fände es wunderbar, wenn du dir Zeit nehmen könntest, heute mit mir zu*

Abend zu essen. Ich brauche es dringend, mal wieder in Ruhe mit dir zusammen zu sein – selbst wenn es nur eine Stunde ist. Könntest du das vielleicht einrichten? Wir deuten lieber nur an und taktieren herum und hoffen darauf, dass die Sterne günstig stehen und unser Partner oder unsere Partnerin unsere Wünsche intuitiv errät, sodass wir bekommen, was wir am meisten ersehnen, ohne uns dafür exponieren zu müssen.

Wenn unsere Bedürfnisse in den ersten Lebensjahren ignoriert wurden, ziehen wir daraus eine von zwei möglichen Lehren:

1. Wir sind es nicht wert, dass unsere Bedürfnisse erfüllt werden, oder
2. Bedürfnisse offenbaren Schwäche und sind schlecht.

Dieses Skript müssen wir ändern. Wir alle sind es wert, um das zu bitten, was wir brauchen, und es auch zu bekommen. Und Bedürfnisse sind auch kein Zeichen von Schwäche. Bedürfnisse sind normal, gesund und menschlich. Sie sind so natürlich wie das Atmen. Sie sind wie Sauerstoff. Ihre körperlichen und emotionalen Bedürfnisse sind ebenso entscheidend für Ihr Leben und Wohlergehen wie die Nahrung, die Sie zu sich nehmen, das Wasser, das Sie trinken, und die Luft, die Sie atmen. Und Ihre Sehnsüchte auch! Wir sind oft viel zu streng beim Urteilen darüber, was wir als Bedürfnis einordnen. Sie fragen sich vielleicht: *Ist das ein Wunsch oder ein Bedürfnis?* Unsere Antwort darauf lautet: Das spielt keine Rolle! Wir haben die falsche Vorstellung, dass Wünsche weniger legitim sind als Bedürfnisse. Wünsche, so haben wir verinnerlicht, stempeln uns als gierig oder selbstsüchtig ab. *Stimmt nicht.* Wünsche und Bedürfnisse sind auf einer nuancenreichen Skala angesiedelt, und wie bei den Farben des Lichtspektrums gibt es beinahe unendliche Möglichkeiten – von den Gelbtönen über die Rot- und Blautöne bis hin zum Violett und von unseren dringendsten Bedürfnissen zu unseren tiefsten Sehnsüchten. Sie sind alle berechtigt. Und sie sollten ausgedrückt werden – gerade gegenüber unserem Partner oder unserer Partnerin.

Es ist in Ordnung zu sagen, was Sie brauchen und möchten. Es ist sogar mehr als in Ordnung. Es ist *unabdingbar*.

Was wir falsch machen

In unglücklichen Beziehungen geschieht Folgendes wieder und wieder: Wir alle haben Bedürfnisse. Wir alle haben berechtigte Wünsche. Aber wir sagen sie nicht. Wir machen Andeutungen. Wir geben einen Wink. Wir bleiben aber schön sicher in Deckung. Wir hoffen, unser Partner oder unsere Partnerin wird »einfach wissen«, was wir wollen. Wir erfinden eine Geschichte darüber, warum er oder sie das eigentlich herausfinden müsste, ohne dass wir es zu sagen bräuchten (»Es ist so offensichtlich! Das sagt einem doch der gesunde Menschenverstand!«), und glauben sie selbst. Und wenn unser Partner oder unsere Partnerin diese Bedürfnisse dann nicht auf magische Weise errät und erfüllt, grollen wir. Wir fangen an zu glauben, dass wir unseren Partnern nicht am Herzen liegen, dass sie nur an sich selbst denken, zu viel zu tun haben, um sich zu kümmern, die Beziehung nicht mehr so schätzen wie früher. Und dann kritisieren wir sie.

Immer.

Nie.

Diese Wörter sind rote Flaggen und weisen uns darauf hin, dass ein Paar auf brüchigem Boden steht: Die negative Perspektive könnte die Oberhand gewinnen. Die Partner suchen nach dem, was falsch ist, und verlieren die Fähigkeit, das zu registrieren, was gut ist. Das Resultat ist Kritik, die darauf abzielt, *wer jemand vom Wesen her ist*, statt dass wir zwischen der Person und ihrem Handeln unterscheiden. Beispiel: Aus »Ich wünschte, du würdest deine Socken nicht im Wohnzimmer auf dem Boden liegen lassen« wird »Du bist so schlampig. Du lässt deinen Kram immer im ganzen Haus herumliegen. Du hilfst mir nie beim Aufräumen«. Wörter wie *immer* und *nie* implizieren stets Kritik, weil sie einen Charakterfehler anprangern. Wenn Sie »immer« etwas falsch und »nie« etwas richtig machen, dann kann ja etwas mit Ihnen nicht in Ordnung sein, oder?

Wenn es uns doch einmal gelingt, unsere Bedürfnisse auszudrücken, haben wir oft das Gefühl, wir müssten sie rechtfertigen, indem wir dem anderen ein Defizit vorhalten – etwas, was er nicht für uns tut oder woran es bei ihm fehlt. Uns wurde beigebracht, wir sollten keine Bedürfnisse haben, daher ist der Rechtfertigungsdrang schwer zu überwinden. »Weil du eine Diät machst, habe ich die ganze Zeit nicht mehr das bekommen, was ich am liebsten mag, deshalb gehe ich heute Abend zum Essen aus!« Das klingt wie eine Kritik an der anderen Person (»weil *du* eine Diät machst«), dabei hätte man ebenso gut sagen können: »Ich würde sehr gerne heute Abend essen gehen. Ich bin müde und hätte Lust, mir etwas zu gönnen.«

Wenn wir Groll und Kritik in uns ansammeln, statt einfach um das zu bitten, was wir brauchen, muss der Damm zu irgendeinem Zeitpunkt brechen. Es ist, als würde sich ein Stausee von schlechten Gefühlen immer mehr füllen, sodass er voller und voller wird, bis nur noch eine kleine Auseinandersetzung erforderlich ist, bis der Damm bricht. Schon eine Winzigkeit kann das auslösen, aus einer kleinen Meinungsverschiedenheit wird plötzlich der Dritte Weltkrieg. Wir nennen das »Sandsäcke aufschichten«: Sie stapeln sämtliche Ärgernisse auf und überfallen dann Ihren Partner oder Ihre Partnerin damit. »Jim, wir müssen reden. Du bist ein schrecklicher Vater, du bist lausig im Bett, und das Schlimmste ist, du *machst beim Recycling nicht mit!*«

Wenn wir nicht deutlich um das gebeten haben, was wir brauchen, wird Kritik zur letzten Verteidigungslinie. Aber sie ist nicht effektiv. Ganz im Gegenteil. Die Leute benutzen häufig den Ausdruck »konstruktive Kritik« – das ist ein Mythos. Eine konstruktive Kritik gibt es einfach nicht – Kritik ist *immer destruktiv*.

All das kann mit einer simplen Maßnahme abgewendet werden: *Bitten Sie um das, was Sie brauchen.*

Geben Sie Ihrer Partnerin Gelegenheit, sich von der besten Seite zu zeigen

Bitte behalten Sie im Kopf: Sie brauchen ein Bedürfnis nicht zu rechtfertigen. Und verwenden Sie niemals Kritik als Rahmen für Ihre Bedürfnisse. Wir alle neigen dazu, auf diese Taktik zurückzugreifen: Wir rechtfertigen unsere eigenen Bedürfnisse damit, dass wir zuerst auf das hinweisen, was am Verhalten des Gegenübers nicht in Ordnung ist. Die Logik dahinter ist: Wenn uns Unrecht geschehen ist, dann ist es nur fair, dass wir unser Bedürfnis äußern oder eine Forderung stellen. Der erste gesunde Schritt ist hier, *sich von dieser Denkweise zu verabschie-*

den. Sie brauchen kein Problem beim anderen zu finden, um Ihre Bedürfnisse und Wünsche zu rechtfertigen.

Wenn Ihr Partner oder Ihre Partnerin sich von Ihnen angegriffen oder kritisiert fühlt, kommen Sie wahrscheinlich nicht sehr weit. Kritisieren ist für keinen von Ihnen super, denn tatsächlich vereiteln Sie damit, dass man Ihnen zuhört und Ihre Bedürfnisse erfüllt, ehe Sie sie überhaupt vorgebracht haben. Das heißt nicht, dass Sie Ihrem Partner oder Ihrer Partnerin schöntun oder ihn oder sie manipulieren müssen. Aber es heißt, dass Sie ehrlich, klar und proaktiv sein müssen und nicht reaktiv.

Wie geht das am effektivsten? Halten Sie sich einfach an das folgende Muster:

Erstens: Sprechen Sie immer von sich selbst – nicht von Ihrem Partner oder Ihrer Partnerin. Verbinden Sie Ihre Bitte um das, was Sie brauchen, nicht mit einer Aussage darüber, was Ihr Partner falsch macht. Sprechen Sie überhaupt nicht von ihm. Hier geht es um Sie, nicht um den anderen.

Zweitens: Schildern Sie die Situation, die Sie aufbringt – nicht die Charakterfehler Ihres Partners oder Ihrer Partnerin. Sprechen Sie über die Ereignisse oder die Umstände, mit denen Sie unzufrieden sind oder die Sie anders haben möchten. Das erlaubt Ihrer Partnerin, Ihnen dabei zu helfen, diese Dinge zu ändern, statt sich angegriffen zu fühlen und defensiv zu werden.

Drittens: Drücken Sie Ihr Bedürfnis positiv aus. Was kann Ihr Partner oder Ihre Partnerin tun, damit Sie sich besser fühlen? Seien Sie genau. Seien Sie klar. Und bleiben Sie beim Positiven! Weisen Sie den anderen nicht auf das hin, was er falsch oder zumindest nicht richtig macht. Es ist sehr leicht, hier in die Kritik zu rutschen. Sehen Sie Ihre Bitte stattdessen als eine Gelegenheit für Ihren Partner oder Ihre Partnerin, Ihnen etwas Gutes zu tun, das Sie wirklich schätzen werden. *Sagen Sie ihm oder ihr, wie er oder sie sich von der besten Seite zeigen kann.*

Hier einige Beispiele für die falsche und für die richtige Art und Weise, etwas vorzubringen:

Sagen Sie nicht: »Du hast nie mehr für mich Zeit. Offensichtlich ist dir unsere Beziehung völlig egal.«

Sagen Sie: »Ich fühle mich einsam [das ist *Ihr* Gefühl], wenn wir so lange keine Zeit miteinander verbringen, die wir für uns haben [das ist die Situation]. Können wir eine Möglichkeit finden, einfach eine Weile zusammen zu sein?« [Ihr positiv formuliertes Bedürfnis]

Sagen Sie nicht: »Du hinterlässt die Küche immer wie ein Schlachtfeld. Was bist du doch für ein Chaot! Meinst du nicht, ich würde mich am Ende des Abends auch lieber entspannen?«

Sagen Sie: »Ich fühle mich in letzter Zeit ganz überwältigt [das ist *Ihr* Gefühl] von all dem, was im Haushalt zu tun ist [das ist die Situation]. Könntest du diese Woche das Waschen oder das Abwaschen übernehmen?« [Ihr positiv formuliertes Bedürfnis]

Ändern Sie das Skript!
Schauen wir uns zwei Szenarien und die Möglichkeit an, das Skript zu drehen.

Szenario 1: Heute Abend kommt Ihre Schwiegermutter zum Essen, und sie findet immer etwas an Ihnen auszusetzen. (Das Abendessen gibt es viel zu spät. Ihre Kinder dürfen zu viel fernsehen. Musstet ihr in dieser finanziellen Lage ein neues Auto kaufen?) Sie möchten gerne, dass Ihr Partner diesmal für Sie eintritt – letztes Mal haben Sie sich im Stich gelassen gefühlt.

Sie sagen:
a) »Deine Mutter ist eine richtiggehende Landplage! Du ergreifst immer Partei für sie. Wahrscheinlich hast du eine genauso schlechte Meinung von mir wie sie.«

Jetzt drehen Sie das um!
b) »Weißt du, ich habe Angst vor dem Besuch deiner Mutter heute Abend. Sie findet immer etwas an mir auszusetzen. Könntest du heute Abend für mich ein-

treten, wenn sie wieder damit anfängt? Das wäre mir sehr wichtig.«

Szenario 2: Sie haben die letzten zehn Jahre jeden Abend gekocht. Sie haben es langsam satt! Sie hätten gerne, dass Ihr Partner oder Ihre Partnerin heute mal etwas ändert. Sie haben kein großes Budget für Restaurantbesuche, deshalb gehen Sie normalerweise nur zu besonderen Gelegenheiten essen. Aber Sie haben wirklich das Gefühl, dass das, was Sie tun, als selbstverständlich angesehen wird. Und Sie möchten einfach mal eine Pause haben.

Sie sagen:
a) »Wahrscheinlich bist du zu knickrig, um mit mir essen zu gehen.«

Drehen Sie das um!
b) »Ich bin das Kochen leid. Und es ist schon lange her, seit wir eine gute Ausrede dafür hatten, essen zu gehen. Komm, lass uns heute Abend ausgehen!«

Es ist einfach. Es ist geradlinig. Und das Schöne ist: Es funktioniert.

Wenn wir beobachten, wie ein Paar ein Gespräch beginnt, können wir korrekt vorhersagen, wie diese Diskussion verlaufen wird. Wird sie produktiv sein? Werden sich beide gehört fühlen? Werden sie freundlich zueinander sein, auch wenn sie unterschiedlicher Meinung sind? Werden sie eine zufriedenstellende Lösung erreichen? Oder wird es Bitterkeit, destruktive Kritik, Rechtfertigung und Angriffe geben? In 96 Prozent aller Fälle kann nicht nur das Ergebnis des Gesprächs, sondern auch der Stand der Beziehung in sechs Jahren vorhergesagt werden, wenn man sich die *ersten drei Minuten* anschaut.[1]

Wie Sie ein Gespräch beginnen, spielt eine große Rolle. Wie legitim Ihr Bedürfnis auch sein mag: Wenn Sie mit einem harten Einstieg beginnen (einer Kritik oder einer Aussage mit »immer« oder »nie«), dann bringt das Ihnen (und Ihrem Partner oder Ihrer Partnerin!) einen riesigen Nachteil ein, denn erstens wird dann keiner von beiden bekommen, was er möchte oder braucht, und zweitens schaden Sie damit unter Umständen auch Ihrer Beziehung – besonders, wenn der harte Einstieg zur Gewohnheit wird.

Die Alternative, die wir »weichen Einstieg« nennen, ist ein enorm hilfreiches Werkzeug. Wie Sie ein Gespräch beginnen, gibt den Ton dafür vor, wie Sie es beenden. Fangen Sie ohne Kritik an. Mit Mitgefühl. Überlegen Sie, was Ihr Partner oder Ihre Partnerin hören muss, damit er oder sie offen anhören kann, was Sie brauchen, und hoffentlich auch positiv darauf reagieren kann. Bei einer Langzeitstudie, die über sechs Jahre lief, haben wir festgestellt, dass die Art und Weise, wie ein Paar ein Gespräch über die Lösung eines Problems anfing, erstaunlich viel darüber verriet, ob es sechs Jahre später noch glücklich vereint sein würde.

Wie ging es also mit Miriam und Jake weiter? Es geht ihnen gut. Als sie die Sache besprachen, entdeckte Miriam, dass Jake gezögert hatte, sie direkt zu bitten, etwas von ihrer Arbeitszeit abzuzwacken, weil er in dieser Hinsicht schon lange ein gebranntes Kind war. Als er noch ein Junge war, hatte sich sein Vater oft dafür entschieden, lieber zu arbeiten, als Zeit mit Jake zu verbringen oder zu Veranstaltungen zu kommen, bei denen er mitmachte, selbst wenn er es versprochen hatte und Jake ihn darum gebeten hatte. Immer, wenn er mal wieder nicht kam, fühlte sich Jake am Boden zerstört. Und deshalb hatte er aufgehört, sich dem auszusetzen. Wenn er nicht darum bat, brauchte er sich nicht im Stich gelassen zu fühlen. Er musste dann nicht das Gefühl haben, jemandem, den er liebte, nicht wichtig zu sein.

Natürlich fühlte er sich *trotzdem* im Stich gelassen – aber er hatte Miriam nicht einmal die Chance gegeben, ihm zuliebe zu kommen. Am Ende war es für sie gar nicht so schwer, die Dinge so zu arrangieren, dass sie an zwei Abenden in der Woche Zeit fand, ihre Bildhauerwerkzeuge wegzulegen und zum Abendessen nach Hause zu kommen, selbst in der stressigen Vorbereitungsphase für ihre Ausstellungseröffnung. Sie brauchte nur zu wissen, wie wichtig das für ihn war.

»Passt es gerade?«

Der rechte Zeitpunkt spielt eine Rolle. Wenn Sie mit Ihrem Partner oder Ihrer Partnerin über etwas sprechen möchten, das für Sie wichtig ist, fühlen Sie sich vielleicht abgebürstet oder ignoriert, wenn er oder sie nicht genau dann zur Verfügung steht, wenn Sie Ihr Anliegen vorbringen wollen. Und manchmal stehen die Sterne dafür einfach nicht günstig: Unsere Daten zeigen, dass vielbeschäftigte Paare im Lauf eines typischen Tages nur sehr begrenzt Zeit füreinander haben. Die Chancen, dass Sie in diesem Zeitfenster gerade gleichzeitig auf »Zuwendung« gepolt sind, sind eher klein. Selbst wenn Menschen auf Kontaktangebote überwiegend eingehen (in 60 Prozent der Fälle), liegt die Chance, dass sich *beide* einander zuwenden, nur bei 36 Prozent. Und selbst bei den glücklich verheirateten Paaren, die wir im Love Lab studieren konnten, war es so, dass jemand, dessen Kontaktangebot unbemerkt blieb oder nicht beantwortet wurde, *nur in 22 Prozent der Fälle ein weiteres Kontaktangebot machte*.[2] Wenn Sie etwa auf einen hübschen Garten hinweisen möchten, wenn Sie zusammen im Auto unterwegs sind, ist das vielleicht keine große Sache. Wenn Ihre gemeinsame Geschichte reich an Zuwendung gewesen ist, haben Sie ein dickes, weiches Polster auf Ihrem emotionalen Konto, und verpasste Kontaktangebote perlen von Ihnen ab wie Wassertropfen von einer Ente. Aber wenn Sie darauf brennen, mit Ihrem Partner oder Ihrer Partnerin ein tiefgründiges Gespräch über etwas Wichtiges zu führen, dann müssen Sie das wahrscheinlich gezielter angehen.

Ein Paar überlegte sich einen einfachen, klugen Weg, mit der stets lauernden Möglichkeit von Missverständnissen und verletzten Gefühlen umzugehen. Rachel und Jason waren schon 27 Jahre zusammen. Sie hatten zwei Töchter im Teenageralter. Und sie erinnerten sich noch gut an die frühen Jahre, in denen beide ganztags arbeiteten und zwei kleine Kinder zu betreuen hatten, die ihre Aufmerksamkeit brauchten. Jason war schon immer ein Frühaufsteher gewesen, Rachel eine Nachteule. Wenn sie einmal tatsächlich etwas gemeinsame Zeit hatten, wurde sie von Logistikfragen verschlungen.

»Wir hatten kaum einmal Zeit, über etwas anderes zu reden als ›Wer geht heute einkaufen? Wer holt die Kinder ab?‹«, sagte Rachel. »Wenn man sich erst mal mit Zeitplänen und dem Essen herumschlagen muss, wie soll man dann noch Energie für irgendetwas anderes aufbringen?«

Das Problem war, dass dann, wenn einer von ihnen das Bedürfnis hatte zu reden, der andere oft genug im Arbeitsmodus oder mit den Kindern beschäftigt oder einfach erschöpft war. Es gab gereizte Wortwechsel und Missverständnisse. Verletzte Gefühle waberten im Hintergrund.

Als Rachel dann eines Tages ihre Tochter in die Montessori-Schule brachte, bekam sie zufällig mit, wie die Lehrerin den Kindern sanft eine Anweisung gab: Wenn sie mit einem Freund oder einer Freundin reden wollten und der- oder diejenige war mit einem Spiel oder anderweitig beschäftigt, sollten sie zuerst fragen: »Passt es gerade?« Dann konnte der Freund oder die Freundin freiheraus Ja oder Nein sagen oder auch »Gleich, wenn ich mit der Zeichnung fertig bin«. Erstaunlicherweise hielten sich die Kinder daran! Rachel lachte – das war so einfach, so grundlegend und elegant, dass es sogar ein Kind konnte.

Sie und Jason probierten es aus. Die neue Regel lautete: Wenn sie mit dem anderen über etwas Wichtiges sprechen wollten, sagten sie: »Passt es gerade?« Das brachte augenblicklich eine gewisse Leichtigkeit in Interaktionen, die bisher eher angespannt waren. Es war in Ordnung zu sagen: »In zehn Minuten«, oder: »Wenn ich die E-Mail fertig geschrieben habe.«

»Es hat dazu geführt, dass wir auf den Augenblick geachtet haben«, sagte Rachel. Und Jason ergänzte: »Es nimmt den Druck heraus. Und wenn du bereit bist, dich dem anderen zuzuwenden, kannst du ihm deine volle Aufmerksamkeit schenken. Es läuft einfach alles besser.«

Probieren Sie das gleich heute aus: »Passt es gerade?«

Die Übung für den heutigen Tag

BITTEN SIE UM DAS, WAS SIE BRAUCHEN … INDEM SIE IHRE GEFÜHLSLAGE BESCHREIBEN!

Wir alle müssen lernen, wie wir sagen können, was wir möchten und brauchen. Das kann sich zuerst einmal unbehaglich und unsicher anfühlen, aber es ist wie beim Radfahren – wenn Sie erst einmal anfangen, haben Sie den Bogen schnell raus.

Ihre heutige Übung hat drei Schritte.

Schritt eins: Überlegen Sie

Was brauchen oder möchten Sie? Nehmen Sie sich jetzt gleich einen Augenblick Zeit, und denken Sie darüber nach, was Sie sich schon eine Weile von Ihrem Partner oder Ihrer Partnerin gewünscht haben. Sehnen Sie sich danach, mehr Zeit mit ihm oder ihr zu verbringen? Benötigen Sie Hilfe bei der Hausarbeit? Haben Sie das Gefühl, mehr Unterstützung für Ihr berufliches Fortkommen zu benötigen? Möchten Sie häufiger mal »Ich liebe dich« hören?

Schritt zwei: Verändern Sie den Rahmen

Wenn Sie vom negativen Blickwinkel her denken, wenden Sie ihn ins Positive. Weisen Sie nicht auf das hin, was verkehrt ist. Bieten Sie dem anderen die Gelegenheit, etwas Gutes zu tun. Welches *positive Bedürfnis* hätten Sie gerne von Ihrem Partner oder Ihrer Partnerin erfüllt?

Schritt drei: Sprechen Sie von sich selbst

Bitten Sie um das, was Sie brauchen, indem Sie *Ihre* Gefühle und *Ihre* Bedürfnisse ausdrücken.

»Du fehlst mir. Könnten wir heute Abend mal relaxen, ohne Telefon und ohne Fernsehen?«

»Bei mir ist diese Woche Land unter. Könntest du mir etwas abnehmen?«

»Ich bin heute todmüde. Könntest du heute die Kinder ins Bett bringen, damit ich ein paar Minuten ausruhen kann? Dann können wir uns hinsetzen und noch ein Glas Wein trinken.«

»Ich mag es, wenn du mich festhältst. Umarmst du mich mal?«

Wenn Sie wissen, was Sie wollen, und sagen, was Sie brauchen, werden Sie es sehr wahrscheinlich bekommen! Ihr Partner oder Ihre Partnerin will schließlich für Sie da sein – geben Sie ihm oder ihr Gelegenheit dazu. Machen Sie es ihm oder ihr leicht! Uns fällt dazu ein flapsiger Spruch ein, den die Leute oft mit einem Anflug von Sarkasmus sagen, wenn jemand nicht gleich errät, was sie genau wollen: »Brauchst du erst eine Bedienungsanleitung?«

Wir sagen: Ja! Geben Sie dem anderen eine »Bedienungsanleitung«. Sie werden beide etwas davon haben und glücklicher sein.

Klippen umschiffen

Wenn er oder sie sich angegriffen fühlt, ganz gleich, wie Sie Ihre Bitte formulieren …

Manchmal wird Ihr Partner oder Ihre Partnerin es als Kritik interpretieren, wenn Sie Ihr Bedürfnis oder Ihren Wunsch äußern, auch wenn Sie Ihre Sache hervorragend machen – selbst wenn Sie sich alle Mühe geben, Ihren Wunsch positiv zu formulieren. Das passiert, wenn es in der Vergangenheit ein Muster ständiger Kritik gab und sich im Lauf der Zeit eine Menge Groll aufgestaut hat. Und es geschieht, wenn sich die beiden oft von den Bedürfnissen des anderen abgewandt haben. Dann besteht eine emotionale Distanz, und man sucht gewohnheitsmäßig nach dem, was falsch ist, was fehlt, was fehlerhaft ist. Wenn Sie so tief in den Sog der negativen Perspektive geraten sind, kann Ihr Partner oder Ihre Partnerin Sie sehnsüchtig anschauen und sagen: »Ich liebe dich«, und Sie werden nichts anderes als Kritik hören.

Aber das können Sie ändern.

Wenn Sie aufhören, Ihre Bedürfnisse und Wünsche in kritische Formulierungen zu kleiden, und diese durch einen weichen Einstieg und positive Bitten ersetzen, können Sie das Eis rasch zum Schmelzen bringen. Ihr Partner oder Ihre Partnerin mag anfangs vielleicht misstrauisch sein und weiterhin an allen Ecken und Enden Kritik vermuten; dann hören Sie vielleicht Abwehr in seiner oder ihrer Reaktion. Wenn das der Fall ist, seien Sie beim nächsten Mal ganz explizit, wenn Sie eine Bitte aussprechen.

»Ich möchte dich hier wirklich nicht kritisieren. Ich möchte einfach nur sagen, dass ich es wunderbar fände, wenn ... [dann formulieren Sie Ihr Bedürfnis *positiv*].«

Fangen Sie langsam an.
Manche Paare müssen sich erst langsam daran gewöhnen. Wenn Sie die heutige Übung als zu schwierig empfinden, versuchen Sie es mal damit: Anstatt um eine Korrektur zu bitten (etwas, das der andere nicht macht, das Sie aber gerne gemacht hätten; etwas, das der andere besser oder anders machen soll), bitten Sie nur um etwas, das Sie glücklich machen würde. Bitten Sie Ihren Partner darum, sich gemeinsam mit Ihnen hinzusetzen und einen Film anzuschauen. Bitten Sie ihn, auf dem Heimweg kurz beim Bäcker vorbeizugehen und Ihnen Ihr Lieblingsgebäck mitzubringen. Bitten Sie sie, diesen speziellen Drink zu mixen, den sie so hervorragend macht. Bitten Sie um eine Umarmung! Bitten Sie um etwas Nettes, das der andere leicht erfüllen kann, damit Sie wirklich von Herzen sagen können: »Vielen Dank! Das hat sich wunderbar angefühlt!«

TAG 6

BERÜHREN SIE!

Grace und Andrew machten sich Sorgen über ihr Sexleben: Es war auf einem Allzeittief. Sie konnten nicht wirklich sagen, woher das kam – sie zankten sich nicht, sie verstanden sich gut. Ja, sie hatten viel zu tun, aber wer hatte das nicht? Andrew arbeitete auf einer nahe gelegenen Militärbasis in der Technikabteilung. Er war ein Computerfreak und liebte es, wenn die Leute ihn fragten, was er beruflich mache, weil er dann eine Antwort geben konnte, bei der immer alle die Ohren spitzten: »Das ist geheim.« Grace blieb zu Hause und erzog die drei noch recht kleinen Kinder … und hütete außerdem eine Schar Hühner, Enten und bald auch Ziegen (hoffte sie). Ihr Haus war bunt und chaotisch – Grace war Künstlerin und Musikerin (früher hatte sie an der Grundschule unterrichtet) und leitete ihre Kinder zu Malprojekten an, gab ihnen Gitarrenunterricht und lehrte sie kochen. Wenn Andrew nach Hause kam, entledigte er sich seiner Krawatte und bereitete das Abendessen zu, während Grace den Hühnerstall sauber machte oder die endlosen Wäscheberge erst in die Waschmaschine, dann in den Trockner packte. Nebenbei spielten die Kinder oder rannten herum, stritten und schrien. Es war viel zu tun, es war laut, es war anstrengend – aber sie waren glücklich! Oder etwa nicht? Allmählich kamen den beiden Zweifel. Die sexuelle Energie, die sie einst magnetisch zueinander hingezogen hatte, schien sich in Luft aufgelöst zu haben. Sie glichen immer mehr freundlichen Partnern, die gemeinsam ein Unternehmen führen, als einem Liebespaar.

Sie hatten schon früher Durststrecken hinter sich gebracht, nach der Geburt eines jeden Kindes, aber danach war wieder alles geworden wie früher. Jetzt war ihr jüngstes Kind schon fast drei Jahre alt. Alle schliefen inzwischen nachts durch. Es gab keine Babys mehr, die aufwachten, keine Kinder im Krabbelalter, die sich zwischen sie drängten. Und doch blieb die reizvolle, spontane sexuelle Verbindung, die ihnen so viel Spaß gemacht hatte, irgendwie außer Reichweite. Eigentlich hätte die Sexualität jetzt wieder aufblühen sollen, und doch hatte sie es nicht getan, als wäre nicht die Jahreszeit dafür.

Sie probierten ein paar Strategien aus, verabredeten sich zu einem Date außer Haus oder planten für eine bestimmte Nacht ein Rendezvous im Schlafzimmer, aber das fühlte sich künstlich an, und wenn sie zusammen ins Bett gingen, schliefen sie oft genug am Ende einfach ein.

Andrew: »Ich denke manchmal den ganzen Tag: *Heute Abend haben wir definitiv Sex!* Aber meistens schläft sie schon ein, ehe ich mit dem Zähneputzen fertig bin. Oder ich schlafe ein, solange sie noch einmal nach den Kindern schaut. Oder wir fangen an, über Rechnungen zu reden oder über das, was morgen ansteht, und das macht die Stimmung kaputt.«

»Wobei es eigentlich gar keine Stimmung gibt, die kaputtgehen könnte!«, meinte Grace. »Wir legen uns zusammen ins Bett, und plötzlich fühlt es sich komisch an, einfach anzufangen zu knutschen. Schließlich hatten wir den ganzen Tag über nicht einmal die Chance, auch nur mal eine Weile Händchen zu halten oder gar ein Gespräch zu führen. Deshalb schneide ich einfach irgendein Thema an, und irgendwie schaffen wir es nie bis dahin, wo der Spaß anfängt und wir Sex haben.«

Sie ergänzte: »Es macht einfach keinen Spaß mehr. Früher war das anders. Und ich möchte es wieder so haben wie früher! Ich will mich dafür nicht so anstrengen müssen.«

Ein anderes Paar, Alicia und Abdul, führt ein ganz anderes Leben als Andrew und Grace, und doch haben sie das gleiche Problem. Ihre schicke Wohnung liegt wunderbar direkt im Herzen der Innenstadt von Seattle. Beide arbeiten als Anwälte für zwei Technikunternehmen in dieser Gegend. Ihre Leidenschaft ist Radfahren und Reisen. Sie sind jetzt Anfang 40, haben keine Kinder und planen auch nicht, welche zu bekommen.

Als die Stadt wegen der Corona-Pandemie in den Lockdown ging, sahen Alicia und Abdul auch einen Vorteil darin: Sie würden viel mehr Zeit füreinander haben.

Aber als das Jahr der Pandemie voranschritt, begannen sich die Dinge zu ändern. Den ganzen Tag zu Hause, mit Konferenzen und Zoom-Meetings, fühlten sie sich am Ende des Tages ausgelaugt und ohne Verbindung. Die Coffeeshops und Restaurants, in die sie sonst gerne gingen, hatten die Rollläden heruntergelassen und waren zu. Sie hatten beide das Kochen satt – und es gab immer wieder die gleichen Gerichte. Sie verbrachten eine Menge Zeit mit Fernsehen. Bald hatten sie alle angesagten TV-Serien ihrer diversen Streamingdienste angeschaut. Sie waren gemeinsam in derselben kleinen Wohnung eingesperrt – und doch verbrachten sie *weniger* Zeit zusammen.

Wie war das möglich? Keiner von beiden hatte große Lust auf Sex. Sie fühlten sich wie Zimmergenossen. Worüber dachte Alicia nach? Wollte Abdul überhaupt kuscheln, oder wollte er Raum für sich?

Ist das »normal«?

Es ist normal, sich da Sorgen zu machen und sich zu fragen: *Machen andere Leute das auch durch? Oder geht es nur uns so?* Chrisanna Northrup, Mitautorin des Buches *Wer zusammenhält, ist weniger allein. Von glücklichen Paaren lernen*, erlebte genau diese Art von Szenario, als sie das Projekt begann, aus dem ihr Buch werden sollte. Sie war eine vielbeschäftigte Mutter und Unternehmerin, die eine Wellness-Firma gründete, als auf einmal aus der Beziehung mit ihrem Mann, mit dem sie 15 Jahre verheiratet war, »die Luft raus war«. Als sie darum rang, eine Lösung für das Problem zu finden, fragte sie sich, ob sich andere Paare mit dem gleichen Phänomen herumschlagen mussten – wo lagen sie und ihr Mann auf dem Spektrum der »Normalität« von Beziehungen? Und wenn sie angeblich normal waren, was taten *sie* dann, um das Problem zu lösen? Was *war* normal, wenn es um Kommunikation, Sex, Konflikte und mehr ging?

Sie gewann zwei der prominentesten Soziologen der USA, Dr. Pepper Schwartz und Dr. James Witte, für die Mitarbeit an der Beantwortung der Frage, was in der modernen Liebe unter »normal« zu verstehen ist. Diese beiden Wissenschaftler hatten eine große Menge an Daten aus aller Welt gesammelt, um herauszufinden, was an Beziehungen »universell« war – quer durch Nationalität, Sexualität, Ethnie, sozioökonomische Lage und mehr. Freiwillige aus 23 Ländern antworteten auf eine Umfrage mit über 1300 Fragen, die Antworten auf unsere brennenden Fragen über Langzeitbeziehungen liefern sollten, darunter auch ein besonders heißes Thema: Wer hat ein leidenschaftliches Sexleben, und wie halten die Menschen die Flamme über die Jahre hinweg am Brennen?

Sie schätzen vielleicht, dass die Paare mit dem heißesten Sexleben diejenigen sind, die sich bereitwillig auf Sex einließen, wenn ihr Partner oder ihre Partnerin die Initiative ergriff, oder auch diejenigen, die ungewöhnliche neue Mittel einsetzten, um der Sache mehr Pep zu verleihen, oder jene, die im Schlafzimmer zu allem bereit waren. Nichts von alledem. Es war sogar so, dass das, was im Schlafzimmer geschah, nachdem die Paare erst einmal unter die Decke geschlüpft waren, sehr wenig damit zu tun hatte, wie zufrieden die Partner mit ihrem Sexleben waren. Northrup, Schwartz und Witte identifizierten ganz spezifische Gewohnheiten, die von Menschen in glücklichen, erfüllenden Beziehungen gepflegt wurden, in denen beide Partner sexuell befriedigt waren.[1]

1. Sie sagen täglich »Ich liebe dich« und meinen es auch.
2. Sie küssen sich ohne jeden Anlass leidenschaftlich.
3. Sie machen einander Komplimente (und romantische Geschenke!).
4. Sie wissen, was ihren Partner oder ihre Partnerin erotisch erregt und was ihm oder ihr die Lust nimmt.
5. Sie berühren den anderen zärtlich, auch in der Öffentlichkeit.
6. Sie spielen und haben Spaß miteinander.
7. Sie kuscheln – *häufig*.

8. Sie erheben Sex zu einer Priorität und weisen ihm nicht den letzten Platz auf einer langen To-do-Liste zu.
9. Sie bleiben gute Freunde.
10. Sie können ohne Hemmungen über ihr Sexleben reden.
11. Sie haben wöchentliche romantische Dates.
12. Sie machen romantische Ferien miteinander.
13. Sie achten darauf, sich einander zuzuwenden.

Lassen Sie sich von dieser Liste nicht überwältigen! Falls Sie das Gefühl haben, Sie könnten in einigen der aufgeführten Bereiche eine Verbesserung brauchen, dann bedenken Sie, *dass Sie bereits daran arbeiten.* All die Übungen, die Sie diese Woche in Ihre Routine einbauen sollen, sind da: Komplimente machen. Neugierig sein und Fragen stellen, die wirklich irgendwohin führen. Gemeinsame Zeit an die Spitze der To-do-Liste setzen statt ans untere Ende. Und bitte beachten Sie: Die ganz überwiegende Mehrzahl der Gewohnheiten auf dieser Liste greift lange, ehe Sie und Ihr Partner oder Ihre Partnerin zusammen im Bett landen, was selbst für den körperlichen Ausdruck von Zärtlichkeit gilt. Und darauf werden wir uns heute auch konzentrieren: *Berührung*.

Berührung ist eine mächtige Droge. Körperliche Intimität hat physiologische Auswirkungen auf den Körper – sie setzt Oxytocin frei, das Hormon, das zu Bindung und Verbundenheit beiträgt. Es verbindet Mutter und Kind direkt nach der Geburt. Wenn Oxytocin in den Blutkreislauf gelangt, hat das alle möglichen positiven Wirkungen. Es senkt den Blutdruck, baut Stress ab und verringert sogar Ihr Risiko für eine Herzerkrankung.[2] Berührung ist nicht nur gut für Ihre Beziehung, sie ist auch gut für Ihre Gesundheit und ein langes Leben. Für uns Menschen ist sie so notwendig wie Wasser und Nahrung – selbst wie die Luft, die wir atmen.

Berührung ist wie Sauerstoff …

Ohne sie können wir nicht überleben. Körperkontakt ist ein entscheidender Faktor für unser Überleben als Spezies. Menschen sind, wie schon gesagt, soziale Wesen – wir sterben ohne einander, ohne Verbindung, ohne Körperkontakt. Man hat schon vor langer Zeit herausgefunden, dass Säuglinge, denen ausreichend Berührungen vorenthalten werden, ein größeres Risiko haben zu sterben, selbst wenn man ihnen ausreichend Nahrung und Flüssigkeit gibt.[3]

Wer im Bereich der Psychologie arbeitet, wurde kürzlich daran erinnert, nämlich während der COVID-19-Pandemie. Die Menschen mussten sich auf Anweisung der Gesundheitsbehörden isolieren und in Quarantäne gehen. Aber viele leben nicht in Familien und haben keine Partner. Sie waren allein. Als aus den Wochen Monate wurden und dann ein ganzes Jahr, forderten die Auswirkungen der Isolation ihren Tribut. Viele Menschen, die allein in Quarantäne gewesen waren, begannen unter »Berührungsentzug«[4] zu leiden, von dem die Wissenschaftlerin Dr. Tiffany Field sagt, er sei eng mit Angst und Depression verbunden.[5] In anderen Studien wurde diese Wirkung auch als »Berührungshunger« bezeichnet, ein passender Ausdruck für die Beschreibung dessen, was geschieht, wenn wir nicht regelmäßig mit Körperkontakt genährt werden. Willkommene Berührung sorgt für die Ausschüttung von Oxytocin, das den Körper in den Modus »Ruhe und Erholung« versetzt; ein Mangel an Berührung bewirkt das Gegenteil. Der

Stresspegel steigt. Die Angst wächst. Das verursacht eine Überproduktion von Cortisol – das in der richtigen Dosierung ein hilfreiches Hormon ist, aber wenn zu viel davon im Blut zirkuliert, schaltet der Körper um auf »Angriff oder Flucht«. Die Herzfrequenz steigt, der Blutdruck erhöht sich, die Atmung wird flach. Im Lauf der Zeit kann sich das auf die Verdauung auswirken und sogar das Immunsystem unterdrücken. Ein Berührungsmangel kann Sie buchstäblich krank machen.[6]

Tiffany Field ist Entwicklungspsychologin und leitet aktuell das Touch Research Institute an der University of Miami. Sie bezeichnet Berührung als die »Mutter aller Sinne«. Field selbst hat Erfahrung aus erster Hand mit der Macht menschlicher Berührung. Mitte der 1970er-Jahre, als sie noch im Graduiertenstudium war, brachte sie ihre Tochter einen Monat zu früh auf die Welt. Damals war der akzeptierte medizinische Wissensstand, dass frühgeborene Babys nicht berührt werden sollten – das Infektionsrisiko sei zu hoch. Die Babys lagen im Inkubator, es gab keinen Kontakt zwischen Eltern und Kindern. Aber Field glaubte, dass Berührung ihrer Tochter helfen würde, besser zu gedeihen. Sie überredete die Mitarbeiter des Krankenhauses, sie ihre Tochter massieren zu lassen, und stellte fest, dass das Baby ruhiger wurde und mehr aß. Sie machte sich daran, einen Brutkasten für Krankenhäuser zu entwickeln, der den Eltern ermöglichte, ihre Babys zu berühren und sich körperlich mit ihnen zu verbinden. Gleichzeitig sollten die Babys darin keimfrei bleiben und vor Infektionen geschützt sein. Sie führte eine Studie durch und fand heraus, dass dann, wenn die Eltern die frühgeborenen Babys berührten, die Frühchen besser gediehen, schneller an Gewicht zunahmen und fast eine ganze Woche früher aus dem Krankenhaus entlassen werden konnten.[7]

Und nicht nur Säuglinge profitieren von körperlicher Berührung und Verbindung. Wir haben dazu eine Studie mit Erwachsenen gemacht, und zwar mit Paaren, die ihr erstes Kind erwarteten. Eine Viertelstunde Berührung pro Tag – in Form einer Nacken- oder Schultermassage für die schwangere Frau – hatte eine weitreichende Wirkung auf die Rate der postpartalen Depression (PPD) nach der Geburt. Bei den Paaren, die die täglichen 15 Minuten Massage durchführten, wiesen 22 Prozent der Mütter nach der Entbindung Anzeichen für eine PPD auf. Und in der Gruppe derer, die nicht diese Form von körperlichem Kontakt gehabt hatten? Hier stieg der Anteil der Mütter mit PPD auf 66 Prozent! Ganze 15 Minuten Massage, körperliche Berührung und Verbundenheit machten diesen Unterschied aus.[8]

Wir blühen auf bei Berührung – und sie braucht nicht sexueller Natur zu sein. Sex ist ein wichtiger Teil einer Beziehung, aber für manche kompliziert. Viele Menschen glauben, dass Berührung nur durch Sexualität zu erleben ist oder aber bei Aktivitäten, die zum Sex hinführen. Das stimmt nicht. Die Forschung zeigt, dass Menschen jeglichen Geschlechts, die kuscheln, befriedigendere Langzeitbeziehungen haben.

Okay – Körperkontakt ist also gut für uns. Er ist gut für unsere Gesundheit. Er ist gut für unsere Beziehungen. Daten zeigen, dass zwanglose Berührungen zwischen Paaren – sich an den Händen halten, küssen, körperliche Zärtlichkeit in der Öffentlichkeit oder wo auch immer austauschen – mit einem erfüllten Sexleben korrelieren. Wir wissen, wie wunderbar das ist … was steht uns also im Weg?

Berührungstabus und andere Hindernisse

Wir bringen alles Mögliche in eine Beziehung mit. Ein einflussreicher Faktor ist dabei die Kultur, in der wir aufgewachsen sind. Die meisten haben noch nie einen Augenblick innegehalten, um darüber nachzudenken – aber manche Kulturen sind berührungsfeindlicher als andere.

In den 1960er-Jahren hat der Psychologe Sidney Jourard eine inzwischen berühmte Feldstudie durchgeführt, die gerne als »Café-Studie« bezeichnet wird. Er reiste rund um die Welt, setzte sich in Cafés und beobachtete die Paare, die hereinkamen. Er zählte, wie oft sich die Paare im Lauf einer Stunde berührten: sich an den Händen hielten, einander den Arm, den Rücken oder die Haare streichelten, Kniekontakt hatten usw. Dabei fand er heraus: In Paris berührten sich Paare durchschnittlich 110-mal in einer Stunde. In Gainesville in Florida berührten sie sich zweimal in der Stunde. Und in London kein einziges Mal. Jourard zog daraus den Schluss, dass es in bestimmten Kulturen (darunter einige, in denen viele von uns ihr ganzes Leben lang gelebt haben) anscheinend eine Art »Berührungstabu« gibt.[9]

Wenn die Kultur der große Ozean ist, in dem wir schwimmen, ist die Familie der kleine Teich. Wie Sie erzogen wurden und wie Ihr Partner oder Ihre Partnerin erzogen wurde, kann beeinflussen, wie wohl Sie sich mit Berührungen fühlen und welche Bedürfnisse Sie in Bezug auf diese haben. Wenn einer von Ihnen in einem Haushalt aufgewachsen ist, in dem es wenig oder sogar überhaupt keine körperliche Berührung gab, dann kann diese sich – selbst durch den Lebenspartner oder die Lebenspartnerin – unangenehm anfühlen und sogar Ängste wecken. In einigen Fällen, in denen jemand Missbrauch oder Misshandlung erfahren hat, kann Berührung Furcht auslösen, selbst wenn sie liebevoll und wohlmeinend ist. Dadurch kann körperlicher Kontakt eine zweischneidige Sache werden: Er kann wunderbar, tröstlich und erregend sein, sich aber auch bedrohlich anfühlen, wenn er zu schnell oder zu grob ist oder überraschend kommt. Wir müssen uns den Hintergrund des anderen bewusst machen und berücksichtigen, wie er in der Vergangenheit berührt wurde (oder auch nicht!).

Unsere Liebesbeziehungen existieren nicht in einem Vakuum – unsere Gewohnheiten im Zusammenhang mit Berührung werden von einer ganzen Reihe von Faktoren beeinflusst, die uns anfangs vielleicht gar nicht bewusst sind. Es gibt die unterschiedlichsten Gründe dafür, dass wir alle ganz verschiedene »Voreinstellungen« haben, wenn es darum geht, mit wie viel und welcher Art von Körperkontakt wir uns wohlfühlen und was wir brauchen. Aber ganz gleich, wo Sie auf diesem Spektrum angesiedelt sind, Sie können auf alle Fälle mehr liebevolle Berührung in das Leben mit Ihrem Partner oder Ihrer Partnerin integrieren, und zwar auf eine Weise, die sich gut für Sie anfühlt. Man braucht nicht allein und in einer weltweiten Pandemie in Quarantäne zu sein, um das zu erfahren, was manche Psychologen »Hauthunger« nennen: ein akutes Bedürfnis nach mehr Berührung, als Sie momentan bekommen.

Gibt es Unterschiede beim Verlangen nach Berührung und dem Wunsch nach Sex zwischen Männern und Frauen? Dem Klischee zufolge möchten Männer tendenziell sicher mehr Sex als Frauen. Aber stimmt das? Na ja, ein Stück weit. Die Forschung hat gezeigt, dass an einem normalen Tag Männer durchschnittlich doppelt so oft an Sex denken wie Frauen.[10] Aber jeder Mensch ist anders. Viele heterosexuelle Beziehungen drehen das Skript an dieser Stelle um, und die Frau hat einen stärkeren Sexualtrieb als der Mann. Vor allem Frauen denken jedoch darüber nach, wie es um ihre Libido bestellt ist, wenn sie älter werden – es ist ganz natürlich, dass man sich Gedanken macht, wenn man spürt, dass das sexuelle Verlangen nachlässt. Wir hatten schon viele Frauen in der Beratung, die sich gefragt haben: *Was ist falsch bei mir?* Wir können Ihnen versichern: *Nichts.* Die Wahrheit ist, dass es nicht ungewöhnlich ist, dass Frauen mit der Zeit ihr Verlangen nach Sex verlieren. Vergessen wir nicht, dass in prähistorischer Zeit die Lebenserwartung des Menschen bei rund 40 Jahren lag.[11] Frauen brauchten in späteren Jahren keinen Sexualtrieb mehr, weil es gar kein späteres Leben gab. Aber dennoch ist es so: Positive, intime, entspannende, nicht sexuelle Berührung tut uns allen in vielfacher Hinsicht sehr gut – und kann obendrein die Glut einer Libido entfachen, die in einer neuen, weniger aktiven Phase ist. Bei den Paaren, mit denen wir gearbeitet haben, konnten wir sehen: Wenn Partner oder Partnerinnen sich der Frau nicht *nur* mit rein sexueller Absicht nähern, sondern mit angenehmer, nicht sexueller Berührung (Kuscheln, Massage an Körper oder Füßen), kann das so entspannend und stimulierend sein, dass es auch zu Sex führen kann.

Das bedeutet aber *nicht*, dass Sie Ihren Partner oder Ihre Partnerin auf diesem Wege durch Manipulation zum Sex bringen oder erwarten sollten, dass jeder Körperkontakt und jede physische Zärtlichkeit zum Sex führen wird. Und es bedeutet auch nicht, dass jemand, der nicht von jetzt auf gleich Sex haben möchte, gar kein Interesse an Sex hat und ihn nie will. Bei vielen Männern (allerdings nicht bei allen) führt sexuelles

Verlangen zu Kontakt. Bei vielen Frauen (wiederum nicht bei allen) führt Kontakt zu sexuellem Verlangen. Wo immer Sie auf dem sexuellen Spektrum liegen: Vielleicht erkennen Sie Ihr eigenes Muster in einer dieser Beschreibungen. Viele Menschen lassen sich wesentlich leichter erregen, wenn die Berührung anfangs nicht sexuell ist.

Es geht um die *Berührung um der Berührung willen*. Körperliche Intimität muss nicht zum Sex führen, damit sie »sich lohnt«. Am besten schalten Sie die Erwartung ganz aus, dass sie das wird oder sollte. Berührung ist schon an sich nährend, und Ihr Körper braucht sie ebenso wie der Ihres Partners oder Ihrer Partnerin.

Sprechen Sie darüber!

Die Themen, die wir gerade diskutiert haben – darunter Kultur, Hintergrund, Familie, Trauma –, machen deutlich, dass es wichtig ist, nicht nur zu berühren, sondern auch darüber zu *sprechen*. Manchmal haben wir selbst nach Jahren des Zusammenseins noch keine Ahnung von bestimmten Bedürfnissen oder Vorlieben, die unser Partner oder unsere Partnerin in Bezug darauf hat, wie und wann er oder sie gerne berührt werden möchte. Vielleicht finden Sie es zum Beispiel beruhigend, in den Armen gehalten zu werden, wenn Sie Angst haben oder wütend sind, aber Ihr Gegenüber kann bei der gleichen Geste nervös oder frustriert reagieren. In einem solchen Moment können Sie einfach sagen: »Was brauchst du gerade? Möchtest du gehalten werden, oder brauchst du Freiraum?« Es geht mal wieder um Kommunikation: ausdrücken, wo, wann und wie Sie berührt werden möchten.

Fragen Sie einander:

Welche Art von Berührung magst du am liebsten?
Was magst du nicht?
Wann möchtest du am liebsten berührt oder umarmt werden?
Gibt es Zeiten, in denen du nicht berührt werden willst?
Gibt es Stellen, an denen du besonders gerne berührt werden magst?

Bei der letzten Frage sprechen wir vor allem von nicht sexuellen Berührungen. Viele Menschen haben bestimmte Körperbereiche, die sie besonders gerne massiert oder gestreichelt haben möchten, weil sie das entspannend oder beruhigend finden, aber ihr Partner oder ihre Partnerin weiß vielleicht gar nichts davon.

Wenn wir Paare wie Grace und Andrew sehen, die mehr Energie, Leidenschaft und Spontaneität in ihr Sexleben bringen möchten, sagen wir ihnen als Allererstes: *Reden Sie darüber!* Führen Sie ein Gespräch. Sie müssen dazu fähig sein, über Berührung zu sprechen. Wenn Sie nicht daran gewöhnt sind, das offen und direkt zu tun, kann sich das ein bisschen unsicher anfühlen, wie erste Versuche mit dem Radfahren. Aber probieren Sie die einfachen Fragen aus, die weiter oben stehen, dann haben Sie den Dreh bald heraus.

Und das Zweite ist: Fixieren Sie sich nicht aufs Schlafzimmer. Sie werden feststellen, dass bei den Übungen für diese Woche nichts dabei ist, das Sie auffordert, irgendetwas Spezifisches für Ihr Sexleben zu tun. Und zwar deshalb, weil in diesem Punkt alle Beziehungen komplett verschieden sind. Es gibt keine magische Zahl, keine durch Daten erhärtete Vorgabe dazu, wie viel Sex Sie haben sollten, um eine gelungene, erfüllende und dauerhafte Verbindung zu erreichen. In diesem Bereich führen die unterschiedlichsten Verhaltensweisen zum Erfolg. Was wir allerdings wissen, ist, dass das Einüben dieser kleinen Gewohnheiten – unter anderem der zärtlichen Berührung – Ihre Gefühle der Freundschaft, Zuneigung, Wertschätzung, des Verstehens und Vertrauens steigern wird. Und ja, Sie werden dann wahrscheinlich auch mehr Sex haben.

»Das Vertrauensmolekül«

Berührung ist mächtig, sogar nicht sexuelle Berührung. Sie beruhigt. Sie verhilft Ihnen zu emotionalem Kontakt. Es ist keine Illusion, dass Sie sich stärker mit Ihrem Partner oder Ihrer Partnerin im Gleichklang fühlen, wenn er oder sie Ihre Hand nimmt. Der Psychologe James Coan hat folgendes Experiment durchgeführt: Eine Frau wurde für eine funktionelle Magnetresonanztomografie (fMRT) in die Röhre gelegt, wobei an einem ihrer großen Zehen eine Elektrode befestigt war. In der Röhre zeigte ihr ein Projektor wiederholt gut sichtbar eines von zwei möglichen Bildern: einen grünen Kreis oder ein rotes X. Wenn das rote X erschien, was in einem Viertel der Fälle geschah, bekam sie einen leichten Elektroschock. (Er war nicht schmerzhaft, aber auch nicht angenehm.) Coan sah auf dem Gehirnscan, dass dann, wenn sie das rote X sah, die Erwartung des elektrischen Schocks zuverlässig das Angstzentrum in ihrem Gehirn aktivierte: Die beiden Amygdalae (Mandelkerne), die wenige Zentimeter hinter den Augen tief im Temporallappen des Gehirns sitzen, leuchteten auf.

Dann veränderte Coan die Bedingungen und verglich drei

Szenarien. Im ersten saß der Ehemann der Frau neben der fMRT-Röhre und hielt ihre Hand. Im zweiten hielt ihr ein Fremder die Hand. Im dritten hielt ihr niemand die Hand – sie war allein.

Und das Ergebnis? Wenn ihr entweder niemand oder ein Fremder die Hand hielt, leuchtete das Angstzentrum im Gehirn ebenso auf wie zuvor. Aber wenn ihr Mann ihre Hand hielt, schaltete es völlig ab. Sie sah das rote X, das die Erwartungsangstreaktion hätte auslösen sollen – aber nichts geschah.[12]

Coan wiederholte die Studie mit gleichgeschlechtlichen Paaren und erhielt das gleiche Ergebnis. Das war vor der Entscheidung des Obersten Gerichtshofs, gleichgeschlechtliche Ehen zu legalisieren, daher fragte Coan die Paare, ob sie sich als verheiratet ansahen oder sich in einer festen Beziehung befanden. Lautete die Antwort Ja, zeigten die Paare eine verminderte Angstreaktion. Sich fest verbunden zu fühlen war wie ein Schutzschild gegen die Angst.[13]

Sich einfach nur an den Händen halten – mehr hat es nicht gebraucht. Es ist nur eine kleine, ja minimale Berührung, etwas, was wir beiläufig machen, ohne groß darüber nachzudenken – wir strecken die Hand aus und nehmen die unseres Partners oder unserer Partnerin. Und das könnten wir ruhig noch öfter machen. Selbst dieser ganz einfache Körperkontakt hat eine mächtige Wirkung, denn wie jede willkommene Berührung eines Menschen, den man liebt, führt er zur Ausschüttung von Oxytocin in den Blutstrom. Der Wissenschaftler Paul Zak nennt Oxytocin »das Vertrauensmolekül«. Wie mächtig ist es? *Sehr* mächtig. Zak führte ein Experiment durch, bei dem er den Teilnehmenden Geld gab und sie ein Spiel machen ließ, bei dem es um Vertrauen und darum ging, anderen Spielern Geld zukommen zu lassen. Wenn man sein Geld weggab, verdreifachte sich die Summe. Aber man musste darauf vertrauen, dass einem das Gegenüber einen Teil davon zurückgab. Im Durchschnitt gaben die Leute die Hälfte ihres Geldes weg und behielten die andere Hälfte. Sie verhielten sich ziemlich konservativ. Spritzte man ihnen jedoch eine kleine Menge Oxytocin in die Nase, gaben sie mehr weg. Sie wurden sofort vertrauensvoller.[14]

Wenn Sie je in einer Beziehung eine schlechte Entscheidung getroffen haben oder von einem unwiderstehlichen Menschen, der überhaupt nicht zu Ihnen gepasst hat, völlig hingerissen waren, dann könnte Oxytocin dafür verantwortlich gewesen sein. Manchmal nennt man es auch »das Hormon des schlechten Urteilsvermögens« – in einer anderen Studie trafen Teilnehmende unter seinem benebelnden Einfluss ungünstige Investmententscheidungen und trauten jemandem, der ganz offensichtlich ein Betrüger war.[15] Dieses Hormon ist wirklich mächtig! Nutzen Sie es daher zum Guten – mit Ihrem Partner oder Ihrer Partnerin. Und die Macht dazu liegt tatsächlich in Ihren Händen, einfach dadurch, dass Sie einander berühren. Und noch etwas, sagt Zak, wirkt genauso gut wie ein synthetisches Oxytocin-Nasenspray, um die Liebes- und Bindungshormone in Ihrem Blutkreislauf zirkulieren zu lassen: eine Umarmung von 20 Sekunden.[16] Sich an den Händen halten, eine Umarmung, ein Kuss, ein paar Minuten Schultermassage – das alles sieht nach Kleinigkeiten aus, entfaltet aber eine große Wirkung. Wir sagen den Menschen immer: Umarmen Sie Ihren Partner oder Ihre Partnerin 20 Sekunden lang, sooft Sie die Chance dazu bekommen. Und sooft Sie einen Moment erübrigen können, küssen Sie sich sechs Sekunden lang.

Warum eine 20 Sekunden lange Umarmung? Weil es genau so lange dauert, bis Oxytocin in Ihrem Blutkreislauf angekommen ist.

Und warum ein sechs Sekunden langer Kuss? Das ist einfach nur unsere Intuition. Und außerdem fühlt es sich gut an!

Der Zauber von Miniberührungen

Wie ging es nun mit Grace und Andrew weiter? Die beiden hatten ein solides Fundament. Aber sie verloren langsam an Boden. Sie wollten mehr Zeit für Sex, für Kontakt, für Intimität, aber sie hatten diese Zeit nicht, und sie nahmen sie sich auch nicht. Ihr gemeinsames Leben hatte sich in zwei parallele Leben aufgeteilt – Andrew war auf seiner Militärbasis und machte seine geheime Arbeit; Grace war zu Hause und werkelte mit Fingerfarben und lehrte kleine Fingerchen, die Saiten einer Gitarre zu zupfen. Am Abend wartete ein Sprint auf sie: Abendessen machen, alle Kinder baden und ins Bett bringen, dann noch einmal an den Computer und die letzte Runde E-Mails schreiben oder Papierkram erledigen. Die Rechnungen, das Geschirr, die Haustiere, die Wäsche. Manchmal setzten sie sich abends zusammen hin und schauten sich auf Netflix eine Serie an, die ihnen gut gefiel. Sie handelte von einem Paar, das die extremste Fernbeziehung führte, die man sich vorstellen kann: Sie ist Astronautin und auf einer Dreijahresmission zum Mars, er bleibt zu Hause und zieht die Tochter groß. Doch selbst wenn sie diese Serie gemeinsam anschauten, saßen sie auf zwei getrennten Möbelstücken statt eng beisammen – Grace unter einer Decke auf dem Sofa, Andrew in einem Sessel auf der anderen Seite des Raums.

Dass ihr Sexleben seine Lebendigkeit eingebüßt hatte, war zwar ein Problem, aber letztlich auch ein Warnzeichen dafür, dass ihre Beziehung bedroht war. *Sie begegneten sich nicht mehr*.

Wir arbeiteten an der emotionalen Verbindung. Aber im Grunde brauchten sie den physischen Kontakt, um den Abstand zu überbrücken, den ihr hektisches, getrenntes Leben erzeugte. Daher begannen wir, an *Miniberührungen* zu arbeiten. Kleine, rasche Berührungen immer dann, wenn sie aneinander vorbeihasteten. Ein schneller Kuss. Ein Drücken der Schulter. Eine Umarmung.

Wir arbeiteten daran, wie sie sich am Ende des Tages begrüßten. Wir unterbreiteten ihnen folgenden Plan: Wer immer als Zweiter nach Hause kommt (oft war das Andrew bei der Rückkehr von der Arbeit, aber manchmal auch Grace und die Kinder, die von einer Besorgung oder von der Schule zurückkamen), reißt die Tür auf und ruft: »ICH BIN DA!« Und der zuerst Angekommene läuft zur Tür und begrüßt den anderen mit einer Umarmung und einem Kuss.

Sie waren begeistert. Es machte ihnen Spaß. Es war lustig! Die Kinder machten auch mit. Sie rannten immer wieder an die Tür und schrien: »ICH BIN DA! ICH BIN DA!« Sie mochten es, wenn ihre Eltern mitten im Chaos standen und einander lange umarmten.

Sie begannen, sich alle möglichen Gelegenheiten für weitere Rituale mit Körperkontakt auszudenken. Sie fingen an, sich morgens mit einem Kuss zu verabschieden – selbst wenn Andrew früh aus dem Haus musste, küsste er Grace, die noch schlief. Bei einer deutschen Studie, die in dem Buch *The Science of Kissing* besprochen wird, kam heraus, dass Männer, die morgens ihre Frauen zum Abschied küssen, fünf Jahre länger leben als Männer, die das nicht tun.[17] Auch Gutenachtrituale sind wunderbar, ob Sie noch Sex haben oder nicht. Wie sagen Sie Ihrem Partner oder Ihrer Partnerin *Gute Nacht*? Küssen Sie sich, halten Sie einander eine Weile im Arm und reden, bis beide müde sind und einschlafen möchten? Das kann ein sehr süßer Moment sein.

Eine kürzlich erstellte Studie nahm 184 Paare unter die Lupe und untersuchte den Zusammenhang zwischen emotionaler Bindung und körperlicher »Berührungszufriedenheit«.[18] Der Schwerpunkt lag auf *nicht sexuellen* intimen Berührungen: umarmen, sich an den Händen halten, kuscheln usw. Wenig überraschend stellte die Studie tatsächlich einen engen Zusammenhang fest. Wirklich interessant war jedoch die Tatsache, dass es eine breite Streuung in Bezug auf das Bedürfnis nach Berührung und Berührungssehnsucht gab (sie wollten mehr, als sie bekamen). Aber selbst wenn die Teilnehmenden berichteten, sie bekämen *nicht* so viel Berührung, wie sie gerne hätten, verbesserte sich ihre Beziehung, wenn sie sahen, dass ihr Partner oder ihre Partnerin sich bemühte. Mit anderen Worten genügte es schon, dass sie sahen und spürten, ihr Partner oder ihre Partnerin streckte ganz bewusst die Hand aus, um eine körperliche Verbindung herzustellen, damit die Liebe einen Schub bekam.

Im Love Lab, bei den 3000 Paaren, die wir beobachteten, waren die Muster des Körperkontakts klar.[19] Die Paare, deren Ehen gelangen – die also auch sechs Jahre später noch glücklich vereint waren –, waren diejenigen, die einander zärtlich berührten, während sie kochten, putzten oder über das Wetter redeten. Es waren jene, die sich an den Händen hielten, die einander ermutigend berührten, selbst wenn sie einen Konflikt durcharbeiteten, jene, die sich zueinander hinneigten und nicht voneinander weg: Hätte man eine gerade Linie von ihrem Scheitelpunkt durch ihr Gesicht nach unten gezogen, hätten sich diese Linien immer aufeinander zubewegt, wie die beiden Seiten einer Zugbrücke, die herabgelassen werden und sich gleich verbinden.

Die Übung für den heutigen Tag

DER ZAUBER VON MINIBERÜHRUNGEN

Um eine heilende Dosis Oxytocin zu erhalten, müssen Sie Zeit aufwenden. Aber selbst kleine Zeitschnipsel summieren sich. Ein Augenblick hier, ein Augenblick dort – schon ändert sich etwas. Die Augenblicke häufen sich, wachsen exponentiell und stärken Ihre emotionale und körperliche Verbindung. Daher besteht Ihre heutige Hausaufgabe darin, *so viele Momente von Körperkontakt zu sammeln, wie Sie können.* Das muss nichts mit Sex zu tun haben – einfach nebeneinander auf dem Sofa sitzen, sich an den Händen halten oder kurz innehalten, um sich zu umarmen, wird eine körperliche Verbindung und emotionale Nähe herstellen und nähren. Was Sie machen, bleibt Ihnen überlassen, und jedes Quantum ist gut. Aber je mehr, desto besser! Bitte sprechen Sie mit Ihrem Partner oder Ihrer Partnerin darüber, und sorgen Sie dafür, dass beide an Bord sind. Es sollte natürlich und angenehm sein und Spaß machen. Solange alle bereitwillig dabei sind, können Sie die ganze Liste durchspielen!

Küssen aktiviert fünf der zwölf Gehirnnerven, und das ist sehr gut! Und eine 20 Sekunden lange Umarmung bewirkt, dass Oxytocin in Ihren Blutstrom ausgeschüttet wird. Ihre Blutgefäße weiten sich. Ihr Gehirn bekommt mehr Sauerstoff. Die körperlichen Wirkungen sind greifbar. Holen Sie sich also dieses Liebeshormon: Es ist gut für Ihr Gehirn, Ihren Körper und Ihre Beziehung.

Wie viele der folgenden Punkte können Sie in den Tag packen?

Kreuzen Sie so viele an, wie Sie mögen!

- Küssen Sie sich … sechs Sekunden lang.
- Umarmen Sie sich für … 20 Sekunden.
- Halten Sie Händchen … so lange Sie möchten.
- Massieren Sie einander zehn Minuten lang (eine Person sitzt auf dem Sofa, die andere davor auf dem Boden … dann tauschen Sie).
- Kuscheln Sie auf dem Sofa.
- Legen Sie den Arm um Ihren Partner oder Ihre Partnerin.
- Berühren Sie einander beim Gespräch an der Hand oder am Arm.
- Legen Sie Ihrem Partner oder Ihrer Partnerin eine Hand auf die Schulter, wenn er oder sie gestresst ist.
- Lehnen Sie Stirn an Stirn.
- Berühren Sie sich unter dem Tisch mit den Füßen.

Halten Sie Nachlese …

Jetzt, gegen Ende des Tages, widmen Sie ein paar Minuten dem Austausch darüber, wie es sich angefühlt hat, einander an diesem Tag häufiger als sonst zu berühren – sowohl selbst zu berühren als auch berührt zu werden. Gab es einen ganz speziellen Moment oder eine bestimmte Art von Körperkontakt, die Sie ganz besonders mochten? Welche Art von Berührung hat sich für Sie am besten angefühlt? Welche Arten von Berührung würden

Sie gerne öfter in Ihre Beziehung einbauen? Sprechen Sie darüber, wie Sie das häufiger machen könnten. Sie werden froh darüber sein.

Klippen umschiffen

Wenn Berührung bei Ihnen Druck erzeugt …

Wir neigen zu der Vermutung, wenn unser Partner oder unsere Partnerin uns häufig berührt, wolle er oder sie Sex, aber das muss nicht unbedingt stimmen. Eine Person sucht vielleicht einfach Nähe und Verbundenheit; die andere glaubt, einen Wunsch nach mehr wahrzunehmen, möchte das aber in diesem Moment nicht und schiebt die zärtlich berührende Person weg.

Um das zu klären, sprechen Sie am besten ganz konkret darüber, wo reine Zärtlichkeit endet und erotische Berührung anfängt. Wo liegt für Sie diese Grenze? Wenn Ihr Partner oder Ihre Partnerin genauer weiß, welche Signale er oder sie Ihnen mit einer Berührung gibt, kann es leichter sein, zärtliche Berührung einfach ohne Druck zu genießen und der erotischen Berührung Raum zu geben, wenn sie willkommen ist.

Wenn Sie und Ihr Partner ein unterschiedlich großes Bedürfnis nach Berührung haben …

Manche Menschen fühlen sich mit Berührung nicht ganz so wohl oder brauchen einfach weniger. Andere sehnen sich danach, als Weg zur Intimität und zum Gefühl des Angenommenseins. Gelegentlich haben wir schon mit Paaren gearbeitet, bei denen ein krasser Unterschied bei der Toleranz von Berührung zu einem ernsten Problem geworden ist. Aber im Allgemeinen können Partner lernen, wie weit sich der andere bei körperlichem Kontakt wohlfühlt, und damit umgehen. Wie besprochen kann das durchaus kulturell geprägt und tief verwurzelt sein.

Wenn Sie von Ihrem Partner oder Ihrer Partnerin die Rückmeldung bekommen, er oder sie hätte lieber weniger Berührung, als Sie initiiert haben, dann fassen Sie das bitte nicht als Zurückweisung auf. Machen Sie sich klar, dass die Menschen einen unterschiedlichen Hintergrund und unterschiedliche Kindheitserfahrungen haben. Diese Erfahrungen hinterlassen eine Prägung und beeinflussen, womit Sie sich wohlfühlen und womit nicht: Ob beispielsweise in Ihrer Familie großzügig umarmt und körperliche Intimität ausgedrückt wurde, ist außerordentlich prägend. Das, womit wir aufgewachsen sind, hinterlässt tiefe Spuren in unserem Gehirn, und in unseren Erwachsenenbeziehungen tendieren wir dazu, weiter diesen Spuren zu folgen.

Erinnern Sie sich daher bitte: Es gehört zu unseren lebenslangen Aufgaben, Mitgefühl für die dauerhaft verletzlichen Stellen des oder der anderen aufzubringen. Es ist nicht die Schuld Ihres Partners oder Ihrer Partnerin, dass er oder sie so empfindet. Es ist keine Zurückweisung Ihrer Person. Es ist einfach so. Hier eine Parallele: Sie haben sehr empfindliche hellblaue Augen und müssen eine Sonnenbrille tragen, aber Ihr Partner oder Ihre Partnerin mag das nicht, denn er oder sie möchte Ihnen gerne direkt in die Augen schauen können. Mag sein …

aber Sie können das nicht ändern. Wenn man akzeptiert, dass niemand daran Schuld hat, sondern es eben einfach so ist, hilft das ein gutes Stück weiter.

Wenn Berührung ein heikles Thema ist …

Wenn Sie einen Partner oder eine Partnerin haben, der oder die in der Vergangenheit unerwünschte Berührung erlebt hat – etwa sexuellen Missbrauch oder Misshandlung –, müssen Sie mit ihm oder ihr darüber sprechen, welche Arten von Berührung in Ordnung sind und welche nicht. Über Berührung zu sprechen (statt einfach nur Vermutungen anzustellen und zu raten) ist für alle Paare wichtig, wie wir heute schon besprochen haben, aber in diesem Fall ganz besonders. Menschen, die eine sexuelle Traumatisierung oder Missbrauch erfahren haben, können sicherlich von einer Therapie profitieren, aber die Frage, bei welchen Arten von Berührung sie sich sicher, entspannt oder erregt fühlen und bei welchen sie eine defensive, unangenehme oder ängstliche Reaktion erleben, lässt sich vielleicht niemals abschließend beantworten und kann heikel bleiben. Sprechen Sie also mit Ihrem Partner oder Ihrer Partnerin: »Was magst du am liebsten, wenn ich dich berühre? Und berühre oder umarme ich dich manchmal in einer Weise, die dir unangenehm ist?«

Julie, die sexuelle Übergriffigkeit erlebt hat, mag es nicht, wenn sie von hinten umarmt oder auch nur überraschend berührt wird. In unserer langen Ehe haben wir Wege gefunden, diese Schwierigkeiten zu umgehen.

Wenn John das Zimmer betritt und sie umarmen oder mit ihr kuscheln will und nicht sicher ist, ob Julie das gemerkt hat, sagt er: »Hallo, ich bin da.« Wenn Julie das hört, ist ihr seine Umarmung immer willkommen.

TAG 7

VEREINBAREN SIE EINEN DATE-ABEND

Lassen Sie uns über Einsamkeit in der Ehe sprechen.

Das klingt negativ, ist aber für sehr viele Paare eine Tatsache. Wenn auch Sie diese Einsamkeit spüren oder jemals empfunden haben, sind Sie kein Ausnahmefall. Sie ist sehr häufig. Wir können Jahre oder Jahrzehnte miteinander verbringen, gemeinsam Kinder großziehen und im selben Haus leben, aber statt das Leben miteinander zu *teilen*, was wir eigentlich vorhatten, leben wir nebeneinanderher. Wir können sogar im selben Zimmer sitzen wie der Mensch, den wir geheiratet oder an den wir uns fest gebunden haben, der Mensch, den wir lieben, und uns sehr allein fühlen.

Im Jahr 2002 hat das Sloan Center an der UCLA eine Studie durchgeführt, die keiner glich, die jemals zuvor gemacht wurde. Man schickte Sozialwissenschaftler zu Paaren nach Hause, die sehr viel zu tun hatten – Doppelkarrierepaare mit Kindern –, und ließ sie eine Woche lang das Leben einer jeden Familie in jedem wachen Moment aufzeichnen. Es war wie eine Reality-TV-Show, ehe es Reality-TV gab: Die Wissenschaftler folgten den einzelnen Personen mit einer Handkamera von einem Zimmer ins andere und nahmen jede Interaktion, jedes Gespräch und jeden Seufzer auf. Das war etwas ganz anderes als unser Love Lab, in dem unauffällige Kameras die Daten einfingen und die Paare sich sofort miteinander allein fühlen konnten. Hier stand ein lebendiger, atmender Mensch im selben Raum und richtete das Zoomobjektiv auf die Teilnehmenden, während sie etwas haarklein mit ihrem Partner oder ihrer Partnerin besprachen. Man sollte denken, dass sich die Teilnehmenden aufgrund der Beobachtung unbehaglich und befangen fühlten, nicht wahr?

Diese berichteten jedoch später, dass sie nach einer Weile durchaus zu vergessen begannen, dass noch jemand dabei war. So merkwürdig und störend für die Privatsphäre sich das zuerst angefühlt hatte, traten die Anthropologen mit ihren Kameras doch sehr schnell in den Hintergrund, und die Teilnehmenden konnten sich einfach normal und unbefangen in ihrem Zuhause bewegen. Das Ergebnis war, dass am Ende der einwöchigen Studie die 1540 Stunden Videoaufzeichnungen, die die Wissenschaftler zusammengetragen hatten, ein akkurates Bild davon lieferten, wie sich Paare im wahren Leben verhielten: wie viel Zeit sie miteinander, mit ihren Kindern oder mit Hausarbeit verbrachten, worüber sie stritten und verhandelten, welche schönen Momente sie erlebten und auch, welche hässlichen. Die Kameras wurden eingeschaltet, wenn sie aufwachten und anfingen, sich auf den Tag vorzubereiten, und sie wurden erst wieder abgeschaltet, wenn das letzte Licht ausgemacht wurde.

Die Studie wurde in West Los Angeles durchgeführt, in einer Mittelschichtgegend.[1] Beteiligt waren 32 Familien, und die Stichprobe war repräsentativ für die Vielfalt von Los Angeles:

Es wurden schwarze Familien, Latinofamilien, asiatische Familien und Paare mit unterschiedlicher ethnischer Herkunft erfasst, dazu noch einige gleichgeschlechtliche Paare. Die Studie lieferte einen wahren Schatz an Daten, die Erkenntnisse darüber ergeben, wie moderne Paare eigentlich wirklich leben. Auffallend war: Ehemann und Ehefrau waren nur zehn Prozent der Zeit allein zusammen im Zimmer. Aber noch viel schockierender war die folgende Tatsache: Die durchschnittliche Zeit, die Paare im Gespräch miteinander verbrachten, belief sich auf lediglich *35 Minuten in der Woche.* Und bei den meisten dieser Gespräche ging es um Organisatorisches: Besorgungen, Rechnungen oder die Frage, wer was erledigt. Kaum eines davon drehte sich um tiefere Fragen – um Themen, die zwar weniger vordringlich, aber dafür wichtiger waren. Es gab kein »Wie war dein Tag?« oder »Wie läuft es gerade in deinem Job?«, »Hast du das Gefühl, zu viel zu machen?«, »Was beschäftigt dich?«. Wenn sie gemeinsam beim Abendessen saßen, sprachen sie mit den Kindern statt miteinander. (Das ist an sich wertvoll, aber nicht dasselbe wie ein Kontakt auf der Paarebene.) Am Ende der Studie war klar, dass für die allermeisten Paare das Leben zu einer endlosen To-do-Liste geworden war und sie die Beziehung vernachlässigten, die doch den Mittelpunkt des Ganzen bildete.

Die Sloan-Studie konzentrierte sich auf Paare mit zwei Einkommen und Kindern, aber wir haben dasselbe bei jeglicher Konstellation gesehen: bei Paaren mit Kindern, bei denen ein Elternteil zu Hause bleibt und der andere berufstätig ist, Paaren, bei denen beide arbeiten gehen, sogar bei solchen, bei denen beide nicht arbeiten, weil sie früh in den Ruhestand gehen konnten oder sich eine Auszeit nehmen. Paare ohne Kinder machen die gleiche Erfahrung – wir richten uns ganz auf die Arbeit aus und sind dann erschöpft; wenn wir am Abend nach Hause kommen, wollen wir uns nur noch aufs Sofa fallen lassen und irgendetwas im Fernsehen anschauen. Wir sind dann vielleicht im selben Zimmer, aber wir sprechen nicht miteinander.

Daran ist nichts verkehrt. Wir alle müssen uns manchmal vom Druck erholen und uns entspannen; dann wieder müssen wir Dinge erledigen: die Kinder ins Bett bringen, die Waschmaschine laufen lassen, Arbeit aufholen. So ist das Leben! Aber wenn wir das Tag für Tag machen, verlieren wir aus den Augen, wer der oder die andere ist. Die Liebeslandkarten beginnen zu verblassen.

Die Menschen verändern sich mit der Zeit und entwickeln sich weiter, und die Zeit vergeht schnell – viel schneller, als es uns vorkommt. Junge Paare mit Kindern halten oft die Ohren steif und machen einfach weiter, weiter, weiter (aber im Grunde gilt das für uns alle). Wenn wir aber nicht immer wieder innehalten und schauen, wo unser Partner oder unsere Partnerin ist – worüber er nachdenkt, was ihr Sorgen macht, was ihn freudig stimmt, wovon sie träumt –, kann es sein, dass sich der andere dann, wenn wir endlich doch einmal innehalten und Verbindung aufzunehmen versuchen, sehr weit weg anfühlt. Dann wird es immer schwerer, ihn zu erreichen, und auch schwerer für den anderen, uns zu erreichen.

Wir können recht erfolgreich sein – die Rechnungen bezahlen, hart arbeiten, alles erledigt bekommen, gut abschneiden und auf Ziele hinarbeiten –, dabei aber so viel Zeit *ohne* Fokus aufeinander verbringen, dass wir wirklich in jeder Hinsicht die Verbindung verlieren. Die Sloan-Studie hat etwas ans Licht gebracht, das bei Paaren in aller Welt wahrhaft universell ist: Sobald sie sich erst einmal fest gebunden und häuslich eingerichtet haben, hören sie auf, der Beziehung Beachtung zu schenken. Andere Sorgen erscheinen dringlicher und drängen auch ständig nach. Die Beziehung – dieses solide, elementare Fundament, auf dem wir unser Erwachsenenleben aufbauen – wird als Selbstläufer angesehen. Und ohne Instandhaltung und Pflege kann sie Risse bekommen und brüchig werden.

Gehen Sie aus, und haben Sie Spaß

Wir wollten zwei Fragen besser beantworten können: *Wer geht zu einer Paartherapie*? Und: *Was treibt Paare dorthin*? Wir sahen uns die Daten von mehr als 40 000 Paaren mit den unterschiedlichsten sexuellen Orientierungen an, die eine Therapie beginnen wollten,[2] und 80 Prozent von ihnen berichteten, in ihren Beziehungen sei »der Spaß abhandengekommen«. Sie hatten die Fähigkeit verloren, sich einfach aneinander zu freuen.

Michele Weiner-Davis, Sozialarbeiterin und Autorin, hat über »Ehen mit Sexmangel« geschrieben, bei denen sich das Sexleben eines Paars völlig in Luft aufgelöst hat.[3] Ihrer Erfahrung zufolge thematisieren Paare, wenn sie zur Therapie kommen, nicht oft ihr Sexleben als Problem Nummer eins – sie präsentieren eher andere Themen als primäre Streitpunkte, wie etwa die Verteilung der Hausarbeit, Finanzen oder Unterschiede im Erziehungsstil. Aber dann stellt sich heraus, dass sie die Verbindung zueinander verloren haben – körperlich, emotional und intellektuell. Sie leben nebeneinanderher, und es gibt keine Schnittpunkte mehr, an denen sie sich treffen.

Doch wir haben beobachtet, dass selbst dann, wenn die

Leute zu einer Sexualtherapie gehen, diese häufig scheitert. Warum? Unsere These ist, dass sich eine Sexualtherapie oft zu schmalspurig anfühlt. Sex ist nur ein Oberflächenproblem, nicht aber des Pudels Kern. Das Problem ist größer. Ja, es fehlt an Sexualität. Aber auch an Sinnlichkeit, Abenteuer und *Spaß*. Es ist beinahe, als hätten wir die Botschaft bekommen, »erwachsen werden« heiße, die Fantasie abzustellen, die man als Kind hatte – das Spiel, den Einfallsreichtum, die Kreativität. Wir glauben irgendwann, dass wir diese »kindischen« Vergnügungen loslassen müssten, um erfolgreich zu sein. Aber eine glückliche Beziehung *beruht* auf diesen Dingen. Sie gehören zum Besten unserer menschlichen Natur. Unsere gelungensten Kunstwerke und unsere besten Gedanken kommen von dorther und auch unsere intimsten Momente. Und doch rutschen sie Tag für Tag, Augenblick für Augenblick ganz ans Ende unserer endlos langen, nach Dringlichkeit sortierten Prioritätenliste.

Viele Paare haben unmerklich ihre Offenheit gegenüber Sinnlichkeit, Abenteuer und Spaß eingebüßt, und alle Strategien, die wir mit ihnen ausprobieren, führen zu nichts. Sie reagieren nicht mehr auf Berührung, auf offene Fragen oder auf romantische Initiativen ihrer Partner. Sie haben sogar aufgehört, sich an einer köstlichen Mahlzeit zu erfreuen oder beim Kochen etwas Neues auszuprobieren. Bei der »Ehe mit Sexmangel« geht es im Grunde gar nicht nur um Sexualität. Es ist eine Ehe, in der die Partner im Lauf der Zeit alle Formen von Offenheit blockiert haben: für Sinnlichkeit, für Abenteuer, für Spiel und Albernheit, für gemeinsames Lernen. Sie haben alles ausgeklammert, was einmal der Grund dafür war, dass sie die Beziehung überhaupt eingegangen sind: einander körperlich nahe sein, kuscheln, wunderbare Gespräche führen und sich gemeinsam entspannen, miteinander tanzen, gemeinsam Neues erkunden und zusammen reisen. All das wurde langsam und schrittweise durch eine endlose Aufgabenliste ersetzt, und irgendwann … besetzt Einsamkeit den Platz der Verbundenheit.

Das ist an einem bestimmten Punkt unserer Ehe auch uns passiert. Wir haben beide irrsinnig viel gearbeitet. John hat in Vollzeit unterrichtet, Anträge für Fördermittel geschrieben, Aufsätze veröffentlicht. Julie verbrachte 40 Stunden in der Woche in Therapiesitzungen mit ihren Patienten, und dann kam noch alles Übrige dazu: Die schriftlichen Arbeiten, die Vorbereitung und die Forschung. Wir waren vom ersten Augenblick unserer Begegnung an immer ein voll ausgelastetes, ehrgeiziges Paar mit einer je eigenen Karriere gewesen – aber jetzt forderte all das seinen Tribut. Wir fauchten einander an, waren reizbar und aufbrausend. Zu Hause bewegten wir uns voneinander weg statt aufeinander zu, wie zwei Magneten, die falsch herum gedreht waren. Wir hatten definitiv aufgehört, Dates miteinander zu haben. Wir hatten beide am Abend noch viel zu viel Arbeit zu erledigen, die liegen geblieben war. Und wir waren so müde. Das Allerletzte, was wir wollten, war ausgehen.

Aber eines Tages hatten wir wieder einen kleinen Streit über irgendetwas – wer weiß, worüber. Bei dem Streit ging es eigentlich um etwas ganz anderes. Darum, wie fern wir einander waren. Darum, dass wir uns nicht einmal mehr berührten. Unsere Beziehung vertrocknete, weil es an positiver Berührung fehlte. Und wir erkannten plötzlich, dass wir so nicht leben wollten.

In einem Punkt waren wir uns schnell einig: Wir brauchten

Zeit miteinander. Wir brauchten ein Date. Wir waren Ehe-Experten – wie vielen Menschen hatten wir genau dieses geraten?

Wir holten unsere Kalender her und begannen zu blättern, suchten nach einem Tag, an dem wir beide frei waren, aber es gab nur Terminkollisionen.

»Komm, wir gehen einfach heute Abend aus«, sagte John. »Wir lassen alles stehen und liegen und gehen.«

Wir schaufelten den Abend frei. Wir machten uns fein, als gingen wir zu einer Party, und fuhren ins Hotel Sorrento im Zentrum von Seattle, ein herrliches altes Hotel aus rotem Backstein, das es schon seit 1909 gibt und das die üppige, vergilbte Pracht jener Zeit atmet. Wir waren dort keine Gäste. Aber wir taten so als ob. Wir schritten selbstbewusst hinein und nahmen eine samtbezogene Couch direkt am Kamin in Beschlag. Jeder bestellte sich etwas zu trinken, und dann saßen wir stundenlang auf dieser Couch und redeten, während das Feuer zu unseren Füßen vor sich hin flackerte. Andere Gäste kamen herein, setzten sich eine Weile und gingen wieder – wir überdauerten alle. Niemandem fiel auf, dass wir eigentlich nicht dorthin gehörten, jedenfalls warf uns niemand hinaus. Es war ein preiswertes Vergnügen und fühlte sich ein bisschen verboten an, was ein zusätzlicher Reiz war. Es war ein herrliches Date.

Die Wirkung dieses einen Dates war buchstäblich augenblicklich zu spüren. Als wir das Hotel verließen, fühlten wir uns verwandelt – dass wir an diesem Feuer saßen, hatte unsere eigene Glut wieder angefacht.

Am nächsten Morgen, als wir Kaffee machten und in der Küche unsere Lunchpakete richteten, führten wir die gleichen Gespräche wie immer, über die Organisation des Tages – wer wann wie wohin ging usw. –, aber diesmal fühlten wir uns wieder wie Magneten, die richtig herum gedreht waren.

Dieses eine notfallmäßige Date war ein solcher Erfolg, dass wir beschlossen, jede Woche einen Date-Abend anzusetzen. Und wir würden ihn durchziehen, komme, was da wolle. Und das taten wir auch. Manchmal waren wir müde. Oder wir hatten noch etwas zu erledigen, was wir dann auf den nächsten Tag verschieben mussten, was immer stressig war. Aber wir gingen, ohne Wenn und Aber – und es hat funktioniert. Es war eine Rettungsleine.

Und das Sorrento wurde *unser Ort.* Wir gingen nicht bei jeder Verabredung dorthin – manchmal saßen wir bei unserem Date einfach auf der Treppe vor unserem Haus mit einem Glas Wein oder Tee und schauten den Fußgängern, Radfahrern und Autos zu, die am Abend durch unser Viertel kamen, und redeten über die Ereignisse des Tages, die Dinge, von denen wir gelesen oder über die wir nachgedacht hatten, oder über die Zukunft. Aber alle paar Monate warfen wir uns in Schale, gingen ins Sorrento hinunter und ergriffen Besitz von unserer Couch. John nahm oft einen gelben Schreibblock mit und machte sich Notizen – als leidenschaftlicher Forscher und Wissenschaftler brachte er seine Neugier und seinen Eifer sogar noch zum Date-Abend mit. Und er hatte stets eine Liste mit offenen Fragen parat, die er stellen wollte. Normalerweise vertieften wir uns so sehr in die ersten paar Fragen, dass wir es nie schafften, die ganze Liste durchzugehen.

Wir alle stehen unter Druck und haben Verpflichtungen. Wir haben jeden Tag eine Liste von Dingen zu erledigen, die oft gar nicht zu schaffen ist. Die Wissenschaftler, die die Sloan-Studie über berufstätige Paare durchführten, stellten fest, dass es bei den meisten Teilnehmenden so aussah, als hätten sie zusammen drei Jobs – die beiden Berufe und dann noch die unerschöpfliche Aufgabe, einen Haushalt zu führen und Kinder großzuziehen. Ja, Sie möchten im Beruf erfolgreich sein, für die Menschen in Ihrem Leben da sein und die To-do-Liste schaffen. Aber unter dem Strich wollen Sie dafür nicht das Glück Ihrer Beziehung opfern.

Deshalb bitten wir die Leute so eindringlich, nicht nur einen Date-Abend in den Kalender zu schreiben, sondern auch Abenteuer und Spiel lebendig zu halten. Sehr viele Paare haben heute ihre Lebendigkeit eingebüßt. Und nicht nur beim Sex – sondern überall. Uns sind die Energie, die Lebenskraft, der elektrisierende Drang abhandengekommen, einander nahe zu sein, uns zu berühren, zu reden, Neues übereinander zu entdecken und damit auch über uns selbst: was wir uns wünschen, was wir erträumen, was wir schon haben und schätzen. Wenn man also bei einer so blutleer gewordenen Paarbeziehung wieder Romantik ins Spiel bringen will, reicht es nicht, die Schlafzimmertür zu öffnen. Man muss *alles* öffnen. Deshalb ist am Date-Abend nicht das Entscheidende, wohin Sie gehen – oder ob Sie überhaupt irgendwohin gehen. Entscheidend ist: nur Sie beide und ohne jede Ablenkung.

Den Date-Abend richtig gestalten

Die meisten von uns hören »Date« und denken *Restaurant*. Und Sie können Ihre Liebste oder Ihren Liebsten selbstverständlich zum Date in ein Restaurant ausführen! Aber um einen gemeinsamen Abend zu verbringen, der sich lohnt, brauchen Sie sich nicht schick zu machen und einen Tisch zu reservieren. Vielmehr fänden wir es ganz wunderbar, wenn Sie Ihre Definition von »Date« erweitern würden.

Bei einem Date geht es darum, Ihre Liebeslandkarte zu ergänzen. Es geht darum, dass Sie offene Fragen stellen und schauen, wo Sie landen. Es geht darum, dass Sie sich im selben Raum körperlich nahe sind und angenehme Berührungen von Ihrem Partner oder Ihrer Partnerin erhalten, was für Sie ebenso erfrischend ist wie Wasser für eine Pflanze. Und vor allem geht es bei Dates um *Abenteuer*. Das kann ein Abenteuer im wörtlichen Sinne sein: zusammen zu irgendetwas Neuem gehen, wie wir es gemacht haben, als wir uns in das vornehme Hotel hineinschmuggelten. Oder es kann eher ein Abenteuer im bildlichen Sinne sein: gemeinsam auf der Veranda sitzen, die Sonne hinter den Bäumen untergehen sehen und schauen, wohin das Gespräch Sie führt.

Wir kennen Paare, die bei ihren Dates unglaublich erfinderisch geworden sind. Ein Paar traf sich nach der Arbeit in einer Bar – aber beide kamen nicht als sie selbst. Sie verkörperten eine bestimmte Figur und entwickelten im Rollenspiel ein improvisiertes Szenario, während sie ihren Happy-Hour-Cocktail tranken. Einmal war er beim KGB und sie bei der CIA, und sie versuchten beide, den anderen anzuwerben. Sie machten das einmal im Monat und dachten sich jedes Mal eine neue Rolle aus. Für sie war das ein Weg, mit ihrer Identität und mit dem Begehren zu spielen, fantasievoll zu sein und die Formulierungen des anderen weiterzuspinnen sowie Körnchen eigener Wahrheit in den Identitäten zu finden, in die sie für kurze Zeit wie in einen Mantel schlüpften.

Ein anderes Paar, das in der Nähe eines Vergnügungsparks wohnte, ging am Date-Abend gerne dorthin, stieg ins Riesenrad und redete und lachte, wenn sich das große, mit Lichtern besetzte Rad langsam drehte und schließlich stehen blieb, wenn die beiden ganz oben waren und die ganze Stadt zu ihren Füßen liegen sahen, während sie über ihre Pläne für morgen, für das Wochenende oder die nächsten fünf Jahre plauderten. Ein anderes Paar, das auf Orcas Island wohnt und dessen Häuschen oft von seinen Kindern im Teenageralter und deren Freunden mit Beschlag belegt wird, packte sich gerne einen Rucksack mit Kerzen, einer Flasche Wein, Käse und Äpfeln. Dann gingen die beiden zu einem langen Kai hinunter, der weit in den Kanal zwischen dieser und der nächsten Insel hineinragte, breiteten dort ihr Picknick aus, setzten sich hin und hörten den Seehunden zu, die mit den Flossen aufs Wasser klatschten, um an Fische zu kommen, bis es zu kalt wurde und die Kerzen erloschen. Selbst ein Treffen mitten an einem Arbeitstag an einer bestimmten Parkbank, auf der man sein Mittagessen von den Knien isst, während Fremde vorbeigehen, kann ein wunderbares Date sein.

Normalerweise raten wir, die Verabredung nur auf Sie beide zu begrenzen. Aber manchmal braucht die ganze Familie ein Abenteuer. Als unsere Tochter noch klein war, fühlte sie sich öfter von ihrer eigenen To-do-Liste überwältigt (Kinder können in dieser Hinsicht genau wie Erwachsene sein). An einem langweiligen Wochenende sagte sie zu uns: »Ich hasse die Wochenenden! Ich mache die ganze Zeit bloß Hausaufgaben!« Also scheuchten wir sie ins Auto und fuhren hinunter in den Fährhafen von Seattle, wo alle halbe Stunde eines der großen grünweißen Schiffe ablegt und quer über den Puget Sound zu verschiedenen Inseln und Halbinseln fährt. Wir nahmen uns nichts vor und schauten nicht auf den Fahrplan. Wir stellten uns einfach in eine Schlange, fuhren auf das nächste Schiff und landeten, wo immer es uns hinbrachte. Diese spontanen Abenteuer wurden zu einer Art Tradition. Einmal kamen wir in eine kleine Inselstadt voller Weinkellereien, Buchhandlungen und Galerien und schlenderten durch den Ort, schauten uns die Keramik in den Töpfereien an und aßen Karamellbonbons direkt aus der Tüte. Ein anderes Mal landeten wir an einem leeren, windigen Strand, liefen auf und ab, suchten nach Strandglas, lachten und riefen und versuchten, den Wind zu übertönen. Es war erstaunlich, wie viele Jahre wir schon in dieser Gegend gelebt hatten, nur eine kurze Fahrt mit der Fähre von diesen Orten entfernt, und nie an einem von ihnen gewesen waren.

Der Date-Abend braucht kein Abend zu sein. Er muss auch kein Geld kosten. Er muss keinen Babysitter erforderlich machen. Sie müssen nicht einmal das Haus verlassen (aber wir werden Ihnen noch ein paar wichtige Grundregeln dafür geben, welche Art von Aktivität für einen Date-Abend prima und welche weniger gut ist). Als die Pandemie immer länger dauerte, verlegte ein Paar, Vanessa und Carlos, sein Date in den Garten hinter dem Haus. Die beiden zündeten schon am frühen Abend an der Feuerstelle ein Feuer an und ließen ihre drei Kinder (im Alter von zwei, sechs und zehn Jahren) Marshmallows rösten. Wenn es Zeit zum Schlafengehen war, legten sie noch einmal Holz nach, brachten das Jüngste ins Bett und sorgten dafür, dass die beiden größeren Jungen ihr Abendprogramm im Bad begannen. Dann kehrten sie ans Feuer zurück und saßen zusammen draußen – kein Telefon, nur das Knistern der Flammen. Die Kinder wussten, dass der Date-Abend etwas Besonderes war – dass sie Mama und Papa in Ruhe lassen sollten (damit sie da draußen am Feuer tun konnten, was immer Erwachsene tun mochten, wenn sie mit einem Glas Wein in der Hand dasaßen und irgendetwas zu lachen fanden) und sich ins Bett verkrümeln sollten. So ganz glatt ging es irgendwie nie. Die Jungen streckten den Kopf aus dem Fenster und riefen halb im Flüsterton »Wo ist die Zahnpasta?« oder »Er hat mich gehauen!«. Manchmal wachte der Kleine auf. Oder es regnete, aber die beiden blieben trotzdem sitzen, mit der Kapuze auf dem Kopf, und lachten über all das – ein Date-Abend im Regen, draußen unter dem verhangenen Himmel, im Winter, während einer Pandemie.

Bei beiden drohte Arbeitsdruck zum Hindernis zu werden. Vanessa war freiberufliche Grafikkünstlerin und musste oft bis in die frühen Morgenstunden durchhalten, um einen Abgabetermin zu schaffen. Carlos, Mathematiklehrer an einer Realschule, musste morgens um fünf Uhr aufstehen, um vor dem Unterricht noch Tests zu korrigieren. Aber irgendwann schlossen sie einen Pakt: Sie würden ihren wöchentlichen Date-Abend nicht ausfallen lassen, ganz gleich, was gerade los war.

»Ja, ich habe ein- oder zweimal eine Deadline verpasst«, sagt Vanessa. »Das war stressig. Ein paarmal musste ich einen Rückschlag bei der Arbeit einstecken. Aber das war es wert. Bei irgendetwas musste ich einfach Abstriche machen. Und ich beschloss, dass es nicht meine Ehe sein würde.«

Schützen Sie ihn um jeden Preis

Viele Paare fassen den Plan, ab jetzt einen regelmäßigen Date-Abend einzuführen, und haben dann Mühe, ihn durchzuziehen. Wenn das Leben das Tempo hochfährt, ist er stets das Erste, das wieder ausgemustert wird.

Irgendetwas wird immer versuchen, Ihnen den Date-Abend zu stehlen: ein bedrohlich naher Abgabetermin bei der Arbeit, die Schwierigkeit, einen Babysitter zu finden, oder ein Gefühl abgrundtiefer Erschöpfung. Machen wir es Ihnen also leicht: *Das ist eine strikte Vorgabe.* Stellen Sie sich vor, wir würden Ihnen eine ärztliche Anordnung, ein Rezept mit Datum und Unterschrift ausstellen, das Sie im Interesse Ihrer Gesundheit unbedingt beherzigen müssten. Gewöhnen Sie sich an, Nein zu anderen zu sagen, die versuchen, Ansprüche auf die kleine Zeitspanne (relativ gesprochen!) zu erheben, die Sie für Ihren Liebsten oder Ihre Liebste reserviert haben.

Wenn Sie verbindlich einen Date-Abend festlegen, ist das, als würden Sie eine gemeinsame Festung gegen den ständigen Ansturm der Welt errichten – all die Forderungen, die Deadlines, die To-do-Listen, die Mühle der Hausarbeit und der Erledigungen, selbst die zutiefst sinnvollen Aufgaben, denen Sie sich widmen, sei es im Beruf oder als Eltern oder beides. Diese Zeit ist kein Luxus. Sie ist kein Bonus und keine Belohnung. Sie ist eine Investition. Und die Tatsache, dass sie Spaß macht, verwandelt sie nicht in einen frivolen Zeitvertreib. Sie *sollte* Spaß machen. Der *Spaß* ist das Element des Date-Abends, das Wunder wirkt.

Einen regelmäßigen, nicht zur Disposition stehenden Date-Abend einzurichten, der unter allen Umständen stattfindet, gehört zu den Maßnahmen, die wir Paaren am häufigsten ans Herz legen. Warum? *Weil das funktioniert.* Nachdem wir so viele Daten gesammelt und mit Tausenden von Paaren individuell gearbeitet haben, konnten wir erkennen, an welchen »Hebeln« des Lebens man drehen muss, um wirklich etwas zu bewegen – und diese Dates haben eine mächtige Wirkung. Wenn Sie keine

Zeit für einen Date-Abend haben, dann schaffen Sie sich diese Zeit. Jawohl – wir legen Ihnen ans Herz, dass Sie diese Zeit irgendwo herbringen, wie auch immer. Zaubern Sie sie aus dem Hut, wenn es sein muss! Streichen Sie etwas. Lassen Sie das Geschirr im Spülbecken stehen. Lassen Sie die E-Mails warten. Der Date-Abend ist wichtiger.

Die Übung für den heutigen Tag

SETZEN SIE EINEN DATE-ABEND AN – KEINE AUSREDE!

Laden Sie heute Ihren Partner oder Ihre Partnerin zu einem spontanen Mini-Date ein. Ein »Date« muss kein großartiges Abendessen bedeuten, für das man erst einen Babysitter braucht. Es kann im Garten im Regen stattfinden. Es kann auf der Veranda neben Ihrer Haustür stattfinden.

Die Grundregeln für den Date-Abend

- Keine Bildschirme und Displays! Kein Telefon! Kein Netflix! Das ist eine Zeit für echtes Leben, für das Gesicht eines lebendigen Menschen.
- Trinken Sie nicht zu viel! Ein Glas Wein oder auch zwei bei vertrauter Zwiesprache ist völlig in Ordnung. Aber picheln Sie nicht, bis Sie nicht mehr Sie selbst sind.
- Sorgen Sie dafür, dass Sie bei diesem Plan beide an Bord sind! Das ist ein gemeinsames Vorhaben. Alle sollten dahinterstehen.
- Gehen Sie nicht davon aus, dass Sie am Ende Sex haben werden. Zu viel Druck.
- Wenn eine Person sich Luft machen und über das reden muss, was sie stresst, seien Sie offen dafür. Dieser Abend muss nicht perfekt sein oder in einer bestimm-

ten Weise verlaufen. Es wird noch mehr Date-Abende geben. (Wie etwa nächste Woche, denn Sie machen das ja zu einer festen Gewohnheit, nicht wahr?)

- Machen Sie keinen geselligen Abend daraus. Nur Sie beide!
- Nervös, weil Sie nicht mehr richtig miteinander geredet haben seit einer Woche, einem Monat, einem Jahr, ähm … zehn Jahren? *Machen Sie es trotzdem.*
- Stellen Sie einige offene Fragen, um das Gespräch in Schwung zu bringen: Was beschäftigt dich gerade? Was freut dich zurzeit? Hattest du diese Woche einen Tiefpunkt? Wonach hast du gerade Sehnsucht?
- Drücken Sie Interesse und Neugier aus: Erzähl mir mehr darüber. Sprich weiter! Und was ist dann passiert?
- Und schließlich: *Halten Sie es einfach.* Der Schwerpunkt liegt nicht darauf, wo Sie sind oder wie aufwendig das Essen ist. Es geht um das Gespräch. Um Zeit. Berührung. Intimität. Dass Sie beide zusammen sind, wo auch immer.

Klippen umschiffen

Sie wissen nicht, wie ein spontanes Last-Minute-Date aussehen könnte?

Verändern Sie einfach Ihre normale Routine ein kleines bisschen, damit Sie einen Hauch von Abenteuer und Neuheit hineinbringen. Holen Sie etwas heraus, das Sie für besondere Gelegenheiten aufbewahrt haben, und teilen Sie es miteinander. Wählen Sie eine Musik aus, die

Ihnen ein Gefühl von Nähe, Nostalgie und Festlichkeit vermittelt. Gerade wenn Sie einen Date-Abend zu Hause, in Ihrer normalen Umgebung, improvisieren, wird Ihnen alles, was signalisiert *»Das ist eine besondere/ungewöhnliche Zeit«*, helfen, den intimen Raum des Date-Abends mit einer schützenden Blase zu umhüllen.

Julie berichtet: »Meine Eltern hatten eine Art von Date, bei der sie das Licht ausmachten, Kerzen anzündeten, sich im Wohnzimmer auf dem Boden niederließen und am Couchtisch aßen – einfach, damit sie etwas anderes und Romantisches hatten.«

Und wenn Ihnen danach zumute ist, dann machen Sie sich schön. Auch wenn Sie nicht aus dem Haus gehen. Ziehen Sie etwas Hübsches an, und holen Sie die Sonntagsgläser heraus. Warum nicht? Das verleiht selbst dem gewöhnlichsten Abend an einem Wochentag die Aura einer besonderen Gelegenheit.

SCHLUSS

ERNEUERN SIE IHR REZEPT

Ty und Ollie sind seit zwei Jahren zusammen. Ty ist aus Kalifornien und Ollie aus Nigeria, aber in London aufgewachsen, wo er und Ty jetzt gemeinsam in einer kleinen Wohnung leben. Beide Männer sind Anfang 20. Ihre Beziehung ist noch relativ neu, aber sie haben schon ein paar der Geheimnisse einer glückenden Beziehung herausgefunden, die die »Meister und Meisterinnen« der Liebe kennen.

Als die Beziehung dieses Liebespaars noch kein Jahr alt war, begann eines der einflussreichsten Ereignisse unserer Zeit, seine Wirkung zu entfalten: die COVID-19-Pandemie. Plötzlich gingen sie nicht mehr zu Dates aus, trafen sich nicht mehr mit Freunden, konnten nicht mehr reisen, die Stadt erkunden. Stattdessen saßen sie an sieben Tagen der Woche 24 Stunden zusammen in einem kleinen Appartement fest, lernten, ihre Arbeit im Homeoffice zu machen, lernten, in einer Vollzeitbeziehung zu leben, in der sie Tag und Nacht zu hundert Prozent zusammen waren.

Ty sagte, mit als Erstes habe sich herausgestellt, wie unterschiedlich sie mit Konflikten umgehen. Ty neigt von Haus aus dazu, direkte Konfrontation zu vermeiden und ihr auszuweichen. Ollie will alles sofort besprechen.

»Wir hatten kleine Reibereien wegen wer weiß was allem – Sie wissen, dass es die in Hülle und Fülle gibt!«, sagte Ty. »Meine natürliche Tendenz war ›Ach, da mach ich einfach einen Deckel drauf und grummle im Stillen‹. Aber Ollie ist hartnäckig drangeblieben und wollte das bereden. Was immer der Grund für unseren Streit war, er wurde einfach … neutralisiert. Dann hatte er irgendwie keine Macht mehr über uns. Diese Art von Muster habe ich vorher noch nie in einer Beziehung erlebt. Es fühlt sich richtig gut an.«

Und sie fanden noch mehr heraus. Wie sie einander Raum geben konnten. Wie sie etwas Eigenes machen konnten, ohne vom anderen unter Druck gesetzt zu werden, exakt das Gleiche zu tun wie er (eine entscheidende Kunst in einem Lockdown!). Wie sie Zeit gewinnen konnten, die Arbeit, die sozialen Medien und andere Anforderungen beiseitezulassen und sich *einfach miteinander zu verbinden*. Ihre Jobs passen alles andere als ideal zusammen: Ty arbeitet nach kalifornischer Zeit, Ollie nach Londoner Zeit. Ollie fängt früh an, Ty erst am Nachmittag. Ty muss oft in der Zeit des Abendessens durcharbeiten oder, wie er erzählte: »Ich sitze da und esse mit empfangsbereitem Telefon und tippe nebenbei die Antworten auf E-Mails ein.« Und wie schafften sie es dann, *ungestörte* Zeit miteinander zu verbringen?

»Wir bleiben sehr lange auf«, sagte Ty. »Wir leben nach unserem eigenen Zeitplan. Wir sind Nachteulen. Wir bleiben auf, unterhalten uns, machen Videospiele und reden über die Zukunft, während die meisten Leute schlafen.«

Wenn sie mitten in einem Tag voller Arbeit das Gefühl

haben, mal einen kurzen Moment inniger Verbundenheit zu brauchen, um wieder in Kontakt zu kommen, bittet einer den anderen um eine lange Umarmung oder darum, dass sie sich »30 Sekunden hinlegen« – worauf sie sich zwischen Zoom-Telefonaten mal kurz in die Horizontale begeben und in Löffelstellung auftanken. Das wirkt wie die Schnellladung einer Batterie.

Die größte Herausforderung für Ty und Ollie – die noch am Anfang einer langen gemeinsamen Wegstrecke stehen, wie sie hoffen – ist es, herauszufinden, wie sie Raum für ihre Bedürfnisse, Wünsche und Träume haben und zugleich ihre Erwartungen, Sorgen um ihre Unabhängigkeit und mehr managen können.

»Manchmal sitze ich an meinem Schreibtisch und stelle mir vor, ich würde nach Barcelona ziehen, mir eine sonnige Wohnung mieten, durch kopfsteingepflasterte Straßen schlendern, Leute treffen und wäre einfach ein junger Mann allein in einer Großstadt«, erzählte Ty.

In seinen bisherigen Beziehungen reagierten seine Partner nicht begeistert auf solche Träume. Ty wollte erst gar nicht davon sprechen, weil er fürchtete, damit einen Riesenkrach, schlechte Gefühle, Unsicherheit und Eifersucht zu riskieren.

»Ich hatte ein paar Beziehungen, die nicht sehr schön waren«, sagte Ty. »Aber bei Ollie habe ich einfach davon erzählt. Ich wollte nicht so viel Zeug im Hintergrund haben, über das ich nicht reden konnte. Also sagte ich: ›Wenn ich mal einen Monat nach Barcelona gehen wollte, ohne dich, wäre das für dich in Ordnung?‹, und er sagte so was wie ›Klar, wenn du das brauchst‹.«

Sie führten ein langes Gespräch. Beim Nachdenken über

sich sagte Ty, er male sich die ganze Zeit die unterschiedlichsten Leben aus, die er führen könnte – all die möglichen Wege, die sich immer wieder gabeln, wie bei einem Baum mit sich endlos verzweigenden Ästen. Er liebt Ollie und ihr gemeinsames Leben. Aber er sehnt sich auch danach, sein eigenes erkunden zu können – ein autonomer Mensch in der Welt zu sein.

»Es wird immer einen Teil von mir geben, der danach verlangt – individuelle Erfahrung«, sagte er. »Aber Ollie hat dafür Platz gefunden. Ich darf diese Einfälle und Launen haben. Ich kann Freiraum spüren. Ich kann diesen Möglichkeiten innerlich nachgehen, ohne dass er sich verletzt fühlt. Wir können Individuen sein. Weil wir offen über diese Dinge reden können, habe ich gesehen, dass mich das Leben in einer Beziehung nicht unbedingt davon abhalten muss, das zu machen, was ich möchte. Ich kann das machen. Ich kann es machen und gleichzeitig eine Homebase haben.«

Als wir an diesem Buch schrieben, freuten sich Ty und Ollie schon darauf, dass die Bewegungseinschränkungen bald wieder gelockert würden. Demnächst würden sie wieder reisen können. Sie schmiedeten Pläne, Tys Familie in Kalifornien zu besuchen. Aber im Augenblick sind sie gut in Form. Sie haben den zweiten Jahrestag ihrer Beziehung im Lockdown gefeiert. Das ging nicht so, wie sie es unter normalen Umständen gerne getan hätten, etwa in ein Restaurant von Gordon Ramsay gehen und einen fantasievollen Cocktail in einer Bar voller Menschen genießen. Sie mussten irgendwie einen magischen Jahrestag zu Hause hinbekommen. Als Ty das Abendessen machte, hörte er es aus dem Wohnzimmer rumpeln und vernahm seltsame Geräusche. »Komm noch nicht rein!«, rief Ollie.

Dann kam die große Offenbarung: Ollie hatte – eine Festung gebaut. Er hatte die Sofas zusammengeschoben, die Kissen aufgetürmt und die ganze weiche Burg mit hübschen Decken dekoriert. In der Mitte hatte er alles für ein Picknick vorbereitet, eine Flasche Wein und schöne Gläser bereitgestellt.

Es war ein fröhlicher, munterer Jahrestag, trotz der Pandemie. Aber beide sagen, was sie mehr als alles andere zu so guten Freunden und einem so glücklichen Liebespaar mache – obwohl sie in so turbulenten und unberechenbaren Zeiten leben, wie wir sie noch selten hatten –, sei, dass sie einander von morgens bis abends ihre Wertschätzung zeigen.

»Den ganzen Tag lang sagen wir ständig bei jeder Gelegenheit, die sich bietet: ›Vielen Dank, ich mag dich, du bist wunderbar zu mir‹«, sagte Ty. »Wir bedanken uns für alles, kleine und große Dinge. Für das Zuhören, wenn einer Dampf ablässt. Für eine Tasse Kaffee, die einer für den anderen zubereitet, wenn er sich selbst eine macht. Für alles. Und wir meinen es auch ernst damit, spüren es, jedes Mal.«

Matt und Adrienne leben von Ty und Ollie aus gesehen auf der anderen Seite des Globus und sind seit 40 Jahren verheiratet – lange vor der Geburt der beiden Jungspunde. Sie haben zwei Kinder und drei Enkel. Und doch sagt Adrienne jetzt, dass sie nie vorhatte, zu heiraten oder Kinder zu bekommen. Würde man die Zeit zurückdrehen und ihr sagen, sie wäre in 40 Jahren noch mit Matt verheiratet, fände sie das schwer zu glauben.

»Wir lernten uns in den 70er-Jahren kennen«, sagt Adrienne, »und verliebten uns ineinander. Kein Mensch hat damals geheiratet! Es war nicht cool. Außerdem hatte ich das Leben meiner Mutter vor Augen, die zu Hause geblieben war und fünf Kinder großgezogen hatte. Keine Frau in der Generation meiner Mutter hatte einen eigenen Beruf. Als ich von zu Hause auszog, um aufs College zu gehen, wusste ich noch nicht, was ich machen wollte, aber zwei Dinge wusste ich ganz genau: Ich würde niemals heiraten. Und ich würde niemals Kinder bekommen.«

Sie lernte Matt 1974 kennen, als sie an der Studentenzeitung ihres Colleges mitarbeitete. Er war der Bildredakteur, und sie arbeitete in der Setzerei und machte das Layout der Zeitung. Er kam oft herein, schaute sie an, bat um ein Date – und sie sagte immer Nein. Dann traf sie ihn zufällig auf einer Halloween-Party, auf der er als verrückter Wissenschaftler verkleidet auftauchte, mit wild verstrubbelten Haaren und einem spitzbübischen Grinsen, und plötzlich sah sie ihn mit anderen Augen. Sie stand oberhalb von ihm auf der Treppe des Hauses, während er weiter unten mit anderen kostümierten Partygästen plauderte und Fassbier aus einem Becher trank, schleuderte spontan einen Schuh von sich, streckte den Fuß aus und fuhr ihm mit den Zehen durch die Haare.

»Ganz schön spektakulär!«, grinste sie.

Zwei Jahre später hielt er um ihre Hand an. Sie sagte Nein. Niemand, den sie kannte, heiratete. Es sah nicht so aus, als läge eine Heirat wirklich im Interesse einer Frau. Aber er fragte sie immer wieder. Schließlich willige sie ein, um ihn glücklich zu machen.

»Ich dachte: ›Ach, schließlich kann ich mich immer noch scheiden lassen!‹«

Sie heirateten im Rathaus um neun Uhr morgens und hatten ihre Eltern als Zeugen. Er trug einen dunkelblauen Pulli. Sie trug einen Rock und eine Bluse. Es gab keine Eheringe.

Die dann folgenden Jahre waren voller Höhen und Tiefen. Adrienne war Grafikkünstlerin, hörte aber damit auf, als die

Kinder kamen. Sie fand, es sei zu schwierig, einen Säugling zu versorgen und gleichzeitig zu arbeiten – vor allem, weil Matt als Pendler einen sehr langen Weg zu seiner Arbeitsstelle hatte, hin und zurück vier Stunden Bahnfahrt. Das war ein Opfer. Sie zogen wegen seiner Jobs mehrmals um. Sie hatte das Gefühl, sie würde zu viel aufgeben, redete aber meistens nicht darüber.

»Die Jahre, in denen die Kinder noch klein waren, waren die schwersten«, sagte Adrienne. »Er arbeitete viele Stunden täglich und hatte eine anstrengende, lange Fahrt. Wir lebten weit von unseren Eltern entfernt und hatten nie eine Pause bei der Kinderbetreuung. Und ich war in die traditionelle Rolle gerutscht, von der ich immer gesagt hatte, dass ich sie nicht haben wollte. Heute erkenne ich, dass ich damals nie mit ihm darüber geredet habe, wie wenig Unterstützung ich von ihm bekam. Ich habe ihm nicht gesagt, was ich von ihm gebraucht hätte. Ich habe einfach nur jahrelang still vor mich hin gegrollt.«

Matt seinerseits hatte ebenfalls Kämpfe zu bestehen, als er sich darum bemühte, sich an einem hochkompetitiven Arbeitsplatz in einem großen Unternehmen zu behaupten. Heute sagt er: »Ich habe mich einfach ins Zeug gelegt und Gas gegeben. Ich habe mich auf meinen Beruf konzentriert. Die Verantwortung für die Ernährung einer Familie hat mich nachts wach gehalten. Aber ich habe damals auch nicht über meine Schwierigkeiten geredet.«

Inzwischen hat Matt den Beruf gewechselt und eine Arbeit im öffentlichen Dienst gefunden, die er als erfüllender empfindet. Adrienne ist nicht mehr davon in Anspruch genommen, Kinder großzuziehen, und hat daher mehr Freiheit, ihrem eigenen Beruf nachzugehen. Sie arbeitet freiberuflich als Grafikdesignerin, wie schon vor ihrer Mutterschaft. Beide sagen, ihre

Beziehung sei heute besser denn je und jetzt ein Zufluchtsort und eine Quelle der Stärke. Aber das entstand nicht über Nacht.

Es kam allmählich, aufgrund kleiner Kurskorrekturen, etwa, weil sie Kleinkram losließen. Über Bedürfnisse und Schwierigkeiten gleich sprachen, wenn sie auftauchten, statt vor sich hin zu grummeln. Und sie fingen an, gemeinsamer Zeit Priorität einzuräumen, einfach nur auszugehen und Spaß zu haben. Fast jedes Wochenende brechen sie zu irgendeinem Abenteuer auf: zu einer Wanderung durch den Wald, einer Fahrt zu einem Skulpturenpark in der Landschaft, einem Picknick im Schnee. Sie fahren mit dem Rad auf einer stillgelegten Bahntrasse zu einer Buchhandlung, die Adrienne liebt, und kehren dann auf dem Rückweg in Matts Lieblings-Retro-Diner zum Mittagessen ein. Jedes Jahr an ihrem Hochzeitstag machen sie dasselbe: Sie nehmen eine Flasche Sekt mit in den Wald, suchen sich einen Platz mit einer schönen Aussicht, an dem sie sich hinsetzen können, und stoßen miteinander an. Auch wenn es regnet.

Beide beschreiben den Verlauf ihrer Beziehung als zwei Bahngleise, die zeitweise dicht nebeneinanderher liefen, sich dann wieder ein Stück weit voneinander entfernten und parallel liefen, sich erneut annäherten. Es gab Zeiten, in denen sie sich fragten, ob sie es schaffen würden. Es gab keine große Offenbarung, die sie zusammenhielt. Es war einfach nur die tägliche Arbeit, von Moment zu Moment zu entscheiden, ob ihre Ehe die Mühe wert war, und dass sie sich wieder und wieder für ein Ja entschieden. Dass sie fähig wurden, offener miteinander zu kommunizieren, bewirkte einen riesigen Unterschied. Sie haben endlich, nach so langer Zeit, über ihre früheren inneren Kämpfe geredet. Beide haben ein weitaus klareres Bild jener schweren Jahre und wie sie für den jeweils anderen waren; sie sehen, wie sie einander ausgeschlossen haben und wie das die Dinge noch zusätzlich erschwert hat. Adrienne sagte, sie halte ihre Gefühle nicht mehr zurück, sondern äußere sie gleich – sie drücken beide offener aus, was sie gerade beschäftigt, was sie denken, fühlen, und das erstickt Groll und Missverständnisse gleich im Keim.

»Sie haben gesagt, die Ehe würde niemals halten«, erzählte Adrienne. »Nein, wirklich, alle sagten uns direkt ins Gesicht: *Die hält nie und nimmer.* Und siehe da, sie hat doch gehalten.«

Was haben sie in 44 Jahren Ehe gelernt?

»Dass man sich immer wieder neu begegnen muss«, meinte Adrienne. »Man ist mit 60 nicht mehr derselbe Mensch, der man mit 20 war. Es geht nicht. Deshalb muss man merken, wann man sich aus den Augen verloren hat – und das kommt vor. Ich glaube nicht, dass man ein Leben lang zusammen sein kann, ohne diese Erfahrung zu machen. Die Frage ist, ob man sich die Mühe macht, den anderen wieder neu kennenzulernen. Ob man neugierig ist. Ob man befreundet bleiben kann. Im Grunde ist eine Liebesgeschichte genau das. Eine Freundschaft.«

Sie haben in dieser Woche einen weiten Weg zurückgelegt!

Im Lauf der letzten Woche, in der Sie dieses Buch durchgearbeitet haben, haben Sie nach und nach sieben neue, beziehungsfördernde Gewohnheiten in Ihren Tag eingeführt. Sie haben die Kernkompetenzen der wahren Meister und Meisterinnen der Liebe eingeübt:

- Sie haben sich Zeit dafür genommen, sich nach dem anderen zu erkundigen und zu fragen: »Was brauchst du heute von mir?« *Bleiben Sie dabei:* Sorgen Sie dafür, dass in Ihrem Zeitplan künftig weiterhin Platz für regelmäßige Kontaktaufnahme ist.
- Sie haben einander große, offene Fragen gestellt, die Sie hoffentlich in neue Gefilde geführt haben, in denen Sie etwas erfahren haben, das Sie bisher noch nicht über Ihren Partner oder Ihre Partnerin wussten. *Bleiben Sie dabei:* Denken Sie daran, dass wir Liebeslandkarten nicht nur erstellen, sondern auch immer wieder *auf den neuesten Stand bringen* müssen. Die innere Landschaft Ihres Partners oder Ihrer Partnerin wird sich ständig verändern. Und genau das macht es so aufregend und interessant, jemanden über lange Zeit hinweg sehr gut zu kennen.
- Sie haben darauf geachtet, was Ihr Partner oder Ihre Partnerin alles richtig macht, und haben sich für etwas bedankt, das er oder sie im Alltag routinemäßig erledigt. *Bleiben Sie dabei:* Wertschätzung auszudrücken ist nichts, was Sie einmal machen und dann abhaken können. Wenn Sie Dankbarkeit zum Ausdruck bringen und Wertschätzung erfahren, ist das ein emotionales Erfolgserlebnis und kann Ihnen beiden jeden Tag Auftrieb geben.
- Sie haben Ihrem Partner oder Ihrer Partnerin ein von Herzen kommendes Kompliment gemacht. *Bleiben Sie dabei:* Bewunderung ist etwas Aktives. Jeder hat Fehler, und wir alle fühlen uns immer wieder vom anderen frustriert. Aber Sie können sich dafür entscheiden, das auszugleichen und ein solides Fundament von gegenseitigem Respekt und gegenseitiger Bewunderung zu schaffen, in-

dem Sie daran denken, sich auf das zu fokussieren, was an diesem Menschen, mit dem Sie das Glück haben, Ihr Leben teilen zu dürfen, wunderbar, einmalig und unersetzlich ist.

- Sie haben geübt, Ihrem Partner oder Ihrer Partnerin zu sagen, was Sie brauchen – *ehe* ein verschwiegenes Bedürfnis oder ein nicht geäußerter Wunsch eine Quelle des Grolls wird. *Bleiben Sie dabei:* Seien Sie jeglichem Groll zehn Schritte voraus, indem Sie Ihre Bedürfnisse, Wünsche und Hoffnungen dann ausdrücken, wenn sie sich einstellen.
- Sie haben bewusst mehr intime Momente liebevoller Berührung in den Alltag geschmuggelt. *Bleiben Sie dabei:* Körperliche Berührung und Nähe sind wunderbar für Ihre Gesundheit, Ihre Verbundenheit und Ihr Sexleben. Halten Sie sich an den Händen. Küssen Sie sich ohne Anlass. Nehmen Sie einander in den Arm. Ihr zukünftiges Selbst, das wahrscheinlich einen besseren Blutdruck und eine gestärkte Beziehung haben wird, wird es Ihnen danken!
- Und schließlich haben Sie ein spontanes Date angesetzt. *Bleiben Sie dabei:* Hören Sie nicht auf, sich miteinander zu verabreden – nie! Allerdings sind spontane Dates, wie das von dieser Woche, zwar prima, aber der beste Rat, den wir Ihnen dazu geben können, ist dennoch, im Voraus zu planen, jede Woche eine feste Zeit für den Date-Abend zu vereinbaren, sich die Unterstützung zu holen, die Sie vielleicht dafür brauchen (etwa einen Babysitter), und ihn eisern mit allen Kräften zu verteidigen. Wir treten so leidenschaftlich dafür ein, dass Paare regelmäßig einen Date-

Abend haben sollten, dass wir diesem Thema ein ganzes Buch gewidmet haben: *8 Gespräche, die jedes Paar führen sollte … damit die Liebe lebendig bleibt.* Wenn Sie Freude an dieser Übungswoche hatten und den nächsten Schritt machen möchten, empfehlen wir Ihnen dieses Buch als nächste Lektüre!

Jetzt verraten wir Ihnen, was wir uns als Ergebnis dieser Woche für Sie erhoffen: dass Sie sich Ihrem Partner oder Ihrer Partnerin etwas näher gefühlt haben, nachdem Sie diese Übungen in Ihren Alltag eingebaut haben. Dass Sie an irgendeiner Stelle zusammen gelacht haben. Dass Sie die Wärme der Verbundenheit gespürt und gehört haben, wie Münzen mit einem hellen *Kling!* in Ihr Sparschwein für emotionale Rücklagen gefallen sind. Vielleicht hatten Sie sogar diese Woche ein Gespräch oder einen Konflikt, bei dem Sie diese »Rücklage« nutzen konnten, sodass es ein wenig glimpflicher abging als sonst.

Wir haben weiter vorne von den »vier apokalyptischen Reitern« – Kritik, Verachtung, Rechtfertigung und Mauern – gesprochen, den destruktiven Kräften, die in eine Beziehung eindringen können, wenn wir vergessen, wie wichtig diese kleinen Dinge sind, wenn sie zugunsten der Geschäftigkeit und der Anforderungen des Lebens zur Seite geschoben werden, wenn sie nicht länger *Gewohnheiten* sind. Ihre Aufgabe besteht nun darin, diese Übungen so routinemäßig in Ihr Leben einzubauen wie das Zähneputzen – sie zu festen Gewohnheiten zu machen, die einen natürlichen Teil Ihres Alltagsrhythmus bilden. Wenn Sie das tun, schützen Sie Ihre Beziehung mit einer Rüstung, an der die vier apokalyptischen Reiter abprallen. Sie schützt Sie gegen jeden Angriff.

Wenn Sie diese kleinen Veränderungen vornehmen und aufrechterhalten, können Sie und Ihr Partner oder Ihre Partnerin den Verlauf Ihrer Beziehung vollständig verändern. Sie können sich das so vorstellen:

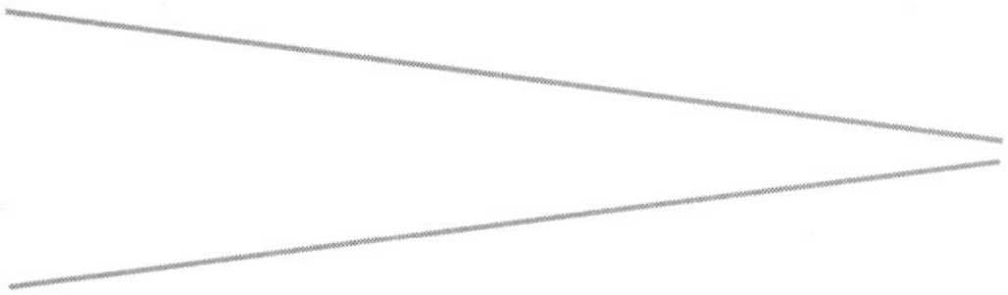

Diese Linien beginnen weit voneinander entfernt. Ihr Neigungswinkel ändert sich auf dem Weg von links nach rechts nur jeweils um den Bruchteil eines Grades, aber sie werden sich unvermeidlich treffen! John nennt das »konvergente, sich beschleunigende Trajektorien«. Übersetzung: Eine größere Veränderung entsteht im Lauf der Zeit durch »kleine Dinge möglichst oft«.

Um die Annäherung Ihrer Bahnen zu beschleunigen und zu festigen, möchten wir Sie bitten, von dieser Woche an zwei Dinge zu tun:

1. Schreiben Sie Ihre Beobachtungen auf

Wir wissen von der Erprobung dieser Maßnahmen mit wirklichen Paaren im Labor und in freier Wildbahn her, dass diese Gewohnheiten tatsächlich die Wirkung haben, Beziehungen zu stärken. Aber jedes Paar ist anders. Als Sie diese Woche die neuen Techniken ausprobiert haben, ist Ihnen vielleicht aufgefallen, dass einige davon den Nagel auf den Kopf getroffen und sofort etwas verändert haben. Andere müssen Sie vielleicht wiederholt anwenden und ihnen ein wenig Zeit geben, ihre magische Wirkung zu entfalten. Diesen Prozess können Sie unter anderem dadurch fördern, dass Sie beobachten, welche Wirkung diese neuen kleinen Gewohnheiten auf Sie und Ihre Beziehung haben, und das auch aufschreiben, um es verfolgen zu können.

Wir hätten gerne, dass Sie ab heute anfangen, sich am Ende eines jeden Tages Notizen darüber zu machen, wie Sie sich nach Ihrer Einschätzung verändert haben – und zwar sowohl individuell (Ihr Blick auf die Welt, wie Sie Ihren Tag sehen und erleben) als auch als Paar. Nehmen Sie sich jeden Abend ein paar Minuten Zeit, um ein paar Notizen über die kleinen Veränderungen zu machen, die Sie vorgenommen haben, und festzuhalten, wie sie sich anfühlen.

Das dauert nur ein, zwei Minuten, aber die Informationen, die Sie dabei gewinnen, können unschätzbar sein. Vielleicht haben manche dieser Übungen an dem einen Tag, an dem Sie sie ausprobiert haben, nichts Revolutionäres bei Ihnen bewirkt. Aber wenn Sie sie regelmäßig in Ihre Alltagsroutine einbauen, werden Sie einen Unterschied feststellen. Wenn Sie sich ein paar Notizen über Ihre Erfahrungen machen, zeigt Ihnen das, welche Übungen im Lauf der Zeit eine große Wirkung entfalten – das kann Ihnen gar nicht entgehen.

2. Halten Sie ein kurzes Treffen zur »Lage der Nation« ab

Halten Sie ab jetzt einen Monat lang am Wochenende (oder zu einer anderen Zeit, in der Sie beide frei sind) ein kurzes Treffen ab, nur Sie beide. Wir nennen dieses Treffen »Lage der Nation«, weil Ihre Aufgabe darin besteht, nur über das zu sprechen, was in Ihrer Beziehung *gut* gelaufen ist. Was hat sich diese Woche im Umgang miteinander gut angefühlt? Teilen Sie einander nur das mit. Und überlegen Sie sich drei spezifische Dinge, die Sie diese Woche an Ihrem Partner oder Ihrer Partnerin geschätzt haben, und sagen Sie sie ihm oder ihr. Zum Beispiel: *Ich war so froh und dankbar, dass du neulich am Abend die Küche aufgeräumt hast, als ich so müde war, ohne dass ich überhaupt darum zu bitten brauchte – da fühlte ich mich so geborgen und umsorgt.*

Es gibt jeden Tag reichlich Gelegenheit, festzustellen, was nicht in Ordnung ist, noch nicht geschehen ist, unvollkommen ist. Ihr Job bei den wöchentlichen Treffen zur Lage der Nation ist, all Ihre Erfolge, Ihre Glanzpunkte, Ihre Höhepunkte zu rekapitulieren. Sie verabreichen sich damit eine wöchentliche Dosis Positivität und gegenseitiger Wertschätzung – ein High five der Liebe.

Eine weitere Ressource, auf die wir Sie gerne hinweisen möchten, ist unsere kostenlose App *Gottman Card Decks*, die Ihnen eine Fülle zusätzlicher Fragen und Tipps bietet und Ihnen helfen wird, die Arbeit mit all den Übungen fortzusetzen, die wir für diese Woche angeregt haben. Wir haben die App auf der Grundlage des wirklichen Kartendecks aufgebaut, das wir mit Paaren bei unseren Wochenend-Workshops mit dem Titel »Art and Science of Love« verwenden, die wir aber für alle zugänglich machen wollten. Die App enthält eine Reihe von Decks mit Fragen, aus denen Sie auswählen können, darunter Date-Fragen, offene Fragen, Karten zum Thema Bedürfnisse ausdrücken und mehr. Wenn Sie einen kostenlosen, unverfänglichen, leichten Weg möchten, ein Gespräch in Gang zu bringen und Liebeslandkarten zu erstellen, ist das ein großartiges Werkzeug, das Sie – buchstäblich! – in der Hosentasche dabeihaben können.

Wir möchten Sie mit diesem abschließenden Gedanken entlassen: *Die Liebe ist es wert.* Sie ist es wert, dass Sie sich selbst an den chaotischsten Tagen, die randvoll mit Arbeit sind, die Zeit nehmen, sich Ihrem Partner oder Ihrer Partnerin zuzuwenden, statt weiter hektisch Ihre To-do-Liste abzuarbeiten. Sich mitten in all dem Chaos hinzusetzen und zu reden. Eine Deadline platzen zu lassen, um zu einem Date zu gehen. *Das ist es wert.*

Gute Beziehungen stärken alles. Sie verbessern Ihre Stimmung. Sie geben Ihnen eine solide Grundlage, auf der Sie zuversichtlich Ihren Tag angehen, Ihre Ziele und Träume verfolgen können. Sie senken den Spiegel der Stresshormone in Ihrem Körper. Sie stärken sogar Ihr Immunsystem. Sie wirken all den Dingen entgegen, die unser Leben verkürzen oder es weniger lebendig machen können: Einsamkeit, Depression, Krankheit. Eine positive Beziehung hat sehr viele verborgene Vorteile, über die wir gar nicht nachdenken oder von denen wir nicht einmal etwas wissen. Aber die Wissenschaft sagt klar und eindeutig: Gute Beziehungen verlängern Ihr Leben und machen es noch lebenswerter.

Ja, unsere Tage sind sehr ausgefüllt. Es fühlt sich nie so an, als gäbe es genügend Zeit für alles. Aber die Liebe ist das Wichtigste – das, was alles andere leichter möglich macht. Und wie Sie hoffentlich diese Woche gesehen haben, müssen Sie nicht massig zusätzliche Zeit in Ihre Beziehung investieren. Sie brauchen nur ein bisschen Zeit, jeden Tag. Eine kleine Investition, die sich im Lauf der Zeit vervielfältigt: Zinseszins.

Erinnern Sie sich noch an Nina Simones Liedzeile: »I want

a little sugar in my bowl«? Wir denken uns das gerne so: Die Beziehung ist wie eine Tasse Tee, der man das Aroma geben kann, das man gerne haben möchte. Und man kann sich dafür entscheiden, ein bisschen Zucker in die Tasse zu geben statt Salz. Wenn man verletzt oder wund oder müde ist, tut Salz weh. Es reibt, es brennt. Zucker bewirkt, dass man sich besser fühlt. Er wäscht das Brennen und die Bitterkeit weg. Und im Grunde machen Sie nur das, wenn Sie diese kleinen Dinge in Ihren Tag einbauen: Sie geben ein bisschen Zucker in Ihre Beziehung, damit sie immer süßer wird.

ANHANG

DANK

Wir möchten Doug Abrams, dem visionären Gründer von Idea Architects, und seiner brillanten Frau Dr. Rachel Carlton Abrams danken, die uns die Ehre ihrer Freundschaft erwiesen haben und sich mit Hingabe dem Ziel widmen, Gutes in die Welt zu bringen. Ihr beide habt das Leben für Millionen von Menschen verändert und auch für uns. Dieses Buch hätte nicht geschrieben werden können ohne die Eloquenz und Sprachgewandtheit von Alyssa Knickerbocker, die Redaktion und Federführung von Rachel Neumann, Lara Love und die hervorragende Arbeit des gesamten Idea-Architects-Teams.

Ewig dankbar werden wir auch Edward Sargent sein, der das Steuer des Gottman Institute übernommen hat und mit scharfem und klarem Blick Führungsstärke und Geschick an den Tag legt. Vielen Dank an Captain P., unseren lieben Freund, dem wir volles Vertrauen schenken. Unser Dank gilt auch der Forschungsdirektorin unseres Instituts Carrie Cole und unserem klinischen Direktor Donald Cole, die nicht nur beide brillante Psychologen sind, sondern auch unsere lieben, geschätzten Hausgenossen und Freunde in Seattle. Danke, dass ihr uns die ganze Zeit unterstützt habt, in der wir an diesem Buch geschrieben haben. Unser tief empfundener Dank geht auch an das gesamte Team des Instituts, ohne das wir noch immer wie die Höhlenbewohner in unseren Arbeitszimmern sitzen würden.

Anerkennung und tiefen Respekt möchten wir auch Rafael Lisitsa zollen, unserem lieben Freund, Mitgründer und hochgeschätzten Leiter von Affective Software, Inc. (ASI), einer Schwesterfirma des Gottman Institute, die eine webbasierte Plattform und ein neues Zuhause für all unsere Beziehungsarbeit geschaffen hat. Tiefe Dankbarkeit empfinden wir auch gegenüber Vladimir Brayman, dem Technischen Direktor von ASI, dessen Energie, Engagement und wunderbare Denkfähigkeit unerschöpflich sind. Danke auch an das gesamte ASI-Team, allen voran Inna Brayman, Connor Eaton und Steven Fan, die uns geholfen haben, die Werkzeuge zu entwickeln und zu präzisieren, die Sie hier finden.

Wir danken auch unseren engsten Freunden, die uns treu unterstützt haben, während wir dieses Buch geschrieben haben: Alison Shaw und Dick Jager, Phil und Cara Cohn, Mavis Tsai und Lana Lisitsa. Außerdem hätten wir den Inhalt dieses Buches niemals so klar formulieren können ohne die nun schon 50 Jahre währende Freundschaft und enge Zusammenarbeit von John mit Robert Levenson. Dank an euch alle.

Und schließlich gilt unsere tiefe Liebe und unser tiefster Dank auch Moriah, Steven und Ezra Fan-Gottman, die uns täglich zeigen, wie wunderbar Liebe und Familie sein können.

ANHANG

ANMERKUNGEN

Einleitung: Kleine Dinge möglichst oft

1 Buehlman, Kim T., Gottman, John M. und Katz, Lynn F.: »How a Couple Views Their Past Predicts Their Future: Predicting Divorce from an Oral History Interview«, in: *Journal of Family Psychology* 5, Nr. 3–4 (1992), S. 295–318.

Wie Sie dieses Buch nutzen können

1 Gottman, John: *The Relationship Cure,* Three Rivers Press, New York 2001.

2 Campos, Belinda et al.: »Positive and Negative Emotion in the Daily Life of Dual-Earner Couples with Children«, in: *Journal of Family Psychology* 27, Nr. 1 (2013), S. 76–85, aufgerufen am 10. Mai 2023, https://doi.org/10.1037/a0031413.

Tag 1: Nehmen Sie Kontakt auf

1 Gottman, John: *What Predicts Divorce? The Relationship Between Marital Processes and Marital Outcomes*, Lawrence Erlbaum Associates, Hillsdale, NJ, 1994.

2 Babcock, Julia C. et al.: »A Component Analysis of a Brief Psycho-educational Couples' Workshop: One-Year Follow-up Results«, in: *Journal of Family Therapy* 35, Nr. 3 (2013), S. 252–280, aufgerufen am 10. Mai 2023, https://doi.org/10.1111/1467-6427.12017.

Tag 2: Stellen Sie eine große Frage

1 Nicht publiziertes Ergebnis der Auswertung eines Workshops, der vom Gottman Institute mit mehr als 500 Paaren durchgeführt wurde.

Tag 3: Sagen Sie Danke

1 Robinson, Elizabeth A. und Price, Gail M.: »Pleasurable Behavior in Marital Interaction: An Observational Study«, in: *Journal of Consulting and Clinical Psychology* 48, Nr. 1 (1980), S. 117 f., aufgerufen am 10. Mai 2023, https://doi.org/10.1037/0022-006X.48.1.117.

2 Weiss, Robert: »Strategic Behavioral Relationship Therapy: A Model for Assessment and Intervention«, in J. P. Vincent (Hg.), *Advances in Family Intervention, Assessment, and Theory*, Bd. 1, JAI Press, Greenwich, CT, 1980, S. 229–271.

3 Davidson, Richard und Begley, Sharon: *The Emotional Life of Your Brain*, Hudson Street Press, New York 2012, dt. *Warum wir fühlen, wie wir fühlen: wie die Gehirnstruktur unsere Emotionen bestimmt – und wie wir darauf Einfluss nehmen können*, Arkana, München 2012, bzw. *Warum regst du dich so auf? Wie die Gehirnstruktur unsere Emotionen bestimmt*, Goldmann Verlag, München 2016.

4 Davidson, Richard J. und Lutz, Antoine: »Buddha's Brain: Neuroplasticity and Meditation«, in: *IEEE Signal Process Mag* 25, Nr. 1 (2008), S. 174–176, aufgerufen am 10. Mai 2023, doi:10.1109/msp.2008.4431873.

5 Cleary Bradley, Renay P., Friend, Daniel J. und Gottman, John M.: »Supporting Healthy Relationships in Low-Income, Violent Couples: Reducing Conflict and Strengthening Relationship Skills and Satisfaction«, in: *Journal of Couple & Relationship Therapy* 10, Nr. 2 (2011), S. 97–116, aufgerufen am 10. Mai 2023, http://dx.doi.org/10.1080/15332691.2011.562808.

6 »Mental Health Disorder Statistics«, Johns Hopkins Medicine, aufgerufen am 10. Mai 2023, www.hopkinsmedicine.org/health/wellness-and-prevention/mental-health-disorder-statistics.

7 McKoy, Jillian: »Depression Rates in US Tripled When the Pandemic First Hit – Now, They're Even Worse«, in: *The Brink*, Boston University, 7. Oktober 2021, aufgerufen am 10. Mai 2023,

https://www.bu.edu/articles/2021/depression-rates-tripled-when-pandemic-first-hit.

Tag 4: Machen Sie ein von Herzen kommendes Kompliment

1 Gottman, John: *What Predicts Divorce? The Relationship Between Marital Processes and Marital Outcomes*, Lawrence Erlbaum Associates, Hillsdale, NJ, 1994.

2 Gottman, John M. und Schwartz Gottman, Julie: *The Science of Couples and Family Therapy: Behind the Scenes at the Love Lab*, W. W. Norton, New York 2018.

3 Ebd.

4 Gottman, John M. und Notarius, Clifford I.: »Marital Research in the 20th Century and a Research Agenda for the 21st Century«, in: *Family Process* 41, Nr. 2 (2002), S. 159–197, aufgerufen am 10. Mai 2023, https://doi.org/10.1111/j.1545-5300.2002.41203.x.

5 Gottman, John M. et al.: »Predicting Marital Happiness and Stability from Newlywed Interactions«, in: *Journal of Marriage and Family* 60, Nr. 1 (1998), S. 5–22, aufgerufen am 10. Mai 2023, https://www.jstor.org/stable/353438.

6 Ebd.

7 Gottman, John M. und Levenson, Robert W.: »Marital Interaction: Physiological Linkage and Affective Exchange«, in: *Journal of Personality and Social Psychology* 45, Nr. 3 (1983), S. 587–597.

8 Gottman, John M. und Levenson, Robert W.: »Physiological and Affective Predictors of Change in Relationship Satisfaction«, in: *Journal of Personality and Social Psychology* 49, Nr. 1 (1985), S. 85–94.

Tag 5: Bitten Sie um das, was Sie brauchen

1 Carrère, Sybil und Gottman, John M.: »Predicting Divorce among Newlyweds from the First Three Minutes of a Marital Conflict Discussion«, in: *Family Process* 38, Nr. 3 (1999), S. 293–301, aufgerufen am 10. Mai 2023, https://doi.org/10.1111/j.1545-5300.1999.00293.x.

2 Gottman, John: *What Predicts Divorce? The Relationship Between Marital Processes and Marital Outcomes*, Lawrence Erlbaum Associates, Hillsdale, NJ, 1994.

Tag 6: Berühren Sie!

1 Northrup, Chrisanna, Schwartz, Pepper und Witte, James: *Wer zusammenhält, ist weniger allein. Von glücklichen Paaren lernen*, Wilhelm Goldmann, München 2014.

2 Zak, Paul: The Moral Molecule: The Source of Love and Prosperity, Dutton, New York 2021.

3 Montagu, Ashley: *Körperkontakt: Die Bedeutung der Haut für die Entwicklung des Menschen*, Klett-Cotta, Stuttgart 1974, 14. Aufl. 2019, S. 69.

4 Hasan, Maham: »What All That Touch Deprivation Is Doing to Us«, in: *New York Times*, 6. Oktober 2020, aufgerufen am 10. Mai 2023, https://www.nytimes.com/2020/10/06/style/touch-deprivation-coronavirus.html.

5 Field, Tiffany: *Streicheleinheiten: Gesundheit und Wohlergehen durch die Kraft der Berührung*, Knaur, München 2003.

6 Cohen, Sheldon et al.: »Does Hugging Provide Stress-Buffering Social Support? A Study of Susceptibility to Upper Respiratory Infection and Illness«, in: *Psychological Science* 26, Nr. 2 (2015), S. 135–147, aufgerufen am 10. Mai 2023, https://www.ncbi.nlm.nih.gov/pmc/articles/PMC4323947/.

7 Field, Tiffany: »Touch Therapy Effects on Development«, in: *International Journal of Behavioral Development* 22, Nr. 4 (1998), S. 779–797; Field, Tiffany, Diego, Miguel und Hernandez-Reif, Mari: »Preterm Infant Massage Therapy Research: A Review«, in: *Infant Behavior and Development* 33, Nr. 2 (2011), S. 115–124, aufgerufen am 10. Mai 2023, https://doi.org/10.1016/j.infbeh.2009.12.004.

8 Shapiro, Alyson F. et al.: »Bringing Baby Home Together: Examining the Impact of a Couple-Focused Intervention on the Dynamics within Family Play«, in: *American Journal of Orthopsychiatry* 8, Nr. 3 (2011), S. 337–350.

9 Jourard, Sidney M.: »An Exploratory Study of Body-Accessibility«, in: *British Journal of Social and Clinical Psychology* 5, Nr. 3 (1966), S. 221–231, aufgerufen am 10. Mai 2023, https://doi.org/10.1111/j.2044-8260.1966.tb00978.x.

10 Fisher, Terri D., Moore, Zachary T. und Pittenger, Mary-Jo: »Sex on the Brain?: An Examination of Frequency of Sexual Cognitions as a

Function of Gender, Erotophilia, and Social Desirability«, in: *Journal of Sex Research* 49, Nr. 1 (2012), S. 69–77, aufgerufen am 10. Mai 2023, https://www.tandfonline.com/doi/abs/10.1080/00224499.2011.565429.

11 Finch, Caleb E.: »Evolution of the Human Lifespan and Diseases of Aging: Roles of Infection, Inflammation, and Nutrition«, in: *PNAS* 107, Nr. 1 (2010), S. 1718–1724, aufgerufen am 10. Mai 2023, https://doi.org/10.1073/pnas.0909606106.

12 Coan, James A., Schaefer, Hillary S. und Davison, Richard J.: »Lending a Hand: Social Regulation of the Neural Response to Threat«, in: *Psychological Science* 17, Nr. 12 (2006), 1032–1039, aufgerufen am 10. Mai 2023, https://doi.org/10.1111/j.1467-9280.2006.01832.x.

13 Coan, James A. et al.: »Relationship Status and Perceived Support in the Social Regulation of Neural Responses to Threat«, in: *Social Cognitive and Affective Neuroscience* 12, Nr. 10 (2017), S. 1574–1583, aufgerufen am 10. Mai 2023, https://doi.org/10.1093/scan/nsx091.

14 Zak, Paul J., Stanton, Angela A. und Ahmadi, Sheila: »Oxytocin Increases Generosity in Humans«, in: *PLoS ONE* 2, Nr. 11 (2007), e1128, aufgerufen am 10. Mai 2023, https://doi.org/10.1371/journal.pone.0001128.

15 Zak, Paul J., »The Neurobiology of Trust«, in: *Scientific American* 298, Nr. 6 (2008), S. 88–95, aufgerufen am 10. Mai 2023, http://www.jstor.org/stable/26000645.

16 Zak, Paul: *The Moral Molecule: The Source of Love and Prosperity*, Dutton, New York 2021.

17 Kirshenbaum, Sheril: *The Science of Kissing: What Our Lips Are Telling Us,* Grand Central Publishing, New York 2011.

18 Wagner, Samantha A. et al.: »Touch Me Just Enough: The Intersection of Adult Attachment, Intimate Touch, and Marital Satisfaction«, in: *Journal of Social and Personal Relationships* 37, Nr. 6 (2020), S. 1945–1967, aufgerufen am 10. Mai 2023, https://doi.org/10.1177/0265407520910791.

19 Gottman, John: *What Predicts Divorce? The Relationship Between Marital Processes and Marital Outcomes*, Lawrence Erlbaum Associates, Hillsdale, NJ, 1994.

Tag 7: Vereinbaren Sie einen Date-Abend

1 Die Sloan-Studie war die erste ihrer Art. Vgl. Campos, Belinda et al.: »Positive and Negative Emotion in the Daily Life of Dual-Earner Couples with Children«, in: *Journal of Family Psychology* 27, Nr. 1 (2013), S. 76–85, aufgerufen am 10. Mai 2023, https://doi.org/10.1037/a0031413; Smith Lynn: »Two Incomes, with Kids and a Scientist's Camera«, in: *CELF in the News*, UCLA Center on Everyday Lives of Families, 29. Juli 2001, aufgerufen am 10. Mai 2023, http://www.celf.ucla.edu/pages/news1.html; Cary, Benedict: »Families' Every Fuss, Archived and Analyzed«, in: *New York Times, 22.* Mai 2010, aufgerufen am 10. Mai 2023, https://www.nytimes.com/2010/05/23/science/23family.html.

2 Gottman, John M. et al.: »Gay, Lesbian, and Heterosexual Couples About to Begin Couples Therapy: An Online Relationship Assessment of 40,681 Couples«, in: *Journal of Marital and Family Therapy* 46, Nr. 2 (2020), S. 218–239, aufgerufen am 10. Mai 2023, https://doi.org/10.1111/jmft.12395.

3 Weiner-Davis, Michele: *The Sex-Starved Marriage*, Simon & Schuster, New York 2003.